Collection « Savoirs pratiques » dirigée par Christian Robin

Dr Charly Cungi

Savoir gérer SON STRESS

- Évaluer son stress
- Maîtriser ses émotions
- Positiver
- Affronter les difficultés
- Se construire une philosophie de vie

RETZ
www.editions-retz.com
1, rue du Départ
75014 Paris

À Marie-Françoise, Pierre-Julien
et Anne-Pauline,

Remerciements

Je tiens à remercier les docteurs Jean Cottraux, Ivan-Druon Note, Martine Bouvard et Monique Rey pour leurs précieux conseils.
Les docteurs René Fricot, Véronique Pernoud, médecins du travail, les docteurs Gilbert Rey, Thierry Jacquier et Gérald Degoul, médecins généralistes, m'ont également beaucoup aidé dans la réalisation de cet ouvrage à travers notre travail de recherche commun.
J'ai une pensée particulière de reconnaissance envers les docteurs Marie-Françoise Charlety et Paul Charlety qui m'ont régulièrement soutenu.
Enfin, et surtout, je dédie ce livre à toutes les personnes qui m'ont consulté pour un problème de stress et sans lesquelles *Savoir gérer son stress* n'existerait pas.

Sommaire

Mode d'emploi

Bienvenue dans cette nouvelle édition de « Savoir gérer son stress ». Vous avez été nombreux à utiliser les méthodes présentées dans la première édition et je remercie vivement toutes les personnes qui ont pris le temps de faire compliments, commentaires et critiques, qui ont été très utiles pour la révision de l'ouvrage.

Ce livre peut être employé de différentes manières, chaque chapitre étant utilisable séparément.

La première manière est simplement de le lire en commençant par le début et en… finissant par la fin !

Vous disposerez alors de l'ensemble de l'information et des méthodes de gestion du stress.

Les problèmes de stress étant différents d'une personne à l'autre, vous vous sentirez plus concerné par certains chapitres. Il est possible de s'y reporter directement. Un sommaire vous guidera dans votre choix.

Dans tous les cas, vous aurez à explorer votre propre situation, le chapitre « Analyser et évaluer son stress » est donc fortement conseillé.

De manière générale, l'aspect pratique a été privilégié, avec de nombreux exemples et exercices que vous aurez à adapter à votre propre cas.

L'apprentissage des méthodes étant au premier plan de l'ouvrage, il est intéressant de considérer celui-ci comme un manuel, le surlignage ou les commentaires ne sont pas interdits, et il serait profitable de revenir sur les points importants jusqu'à l'obtention d'un bon résultat : la répétition est essentielle dans tout apprentissage. Comme l'écrivait Aristote : « Les choses qu'on doit apprendre, on les apprend en les faisant ! »

Les mots en gras sont expliqués en marge.

Comme nous sommes enclins à nous imprégner d'idées reçues sur la vie en général, les encadrés « C'EST FAUX ! » signalent les croyances les plus répandues concernant le stress et tentent de remettre « les pendules à l'heure » !

Schémas et encadrés fournissent connaissances, méthodes et outils pour vous aider à mieux gérer les problèmes. Le RÉSUMÉ en fin de rubrique ou de chapitre fait la synthèse. En mettant en lumière les points importants, il permet de s'y reporter facilement afin de ne pas se sentir dépourvu face au stress !

Introduction

Le **stress**, c'est la vie ! Toute information, toute stimulation entraînent chez chacun d'entre nous une réaction. L'ensemble de ces réactions est une **réponse d'adaptation** dont le but est de maintenir notre équilibre vital en fonction des événements que nous rencontrons.

Stress : réaction non spécifique de l'individu exposé aux stresseurs. Elle se produit aux niveaux physiologique (cœur, poumon, hormones, transpiration, etc.), psychologique et comportemental et met donc en œuvre l'ensemble du fonctionnement d'une personne.

Le stress n'est pas un phénomène spécifiquement humain, et tout animal y est soumis : une souris en présence d'un chat va réagir ! Son cœur bat plus vite, amène plus de sang, donc plus d'oxygène et d'énergie au niveau des muscles, et, en augmentant l'efficacité de la fuite, cela permet une meilleure chance de survie. Si la souris a réussi à se sauver, elle va petit à petit calmer son corps et récupérer son énergie en se reposant et en s'alimentant… Jusqu'au prochain chat !

Le stress, correspondant à la réaction première de la souris, est donc dans ce cas destiné à donner au petit animal la meilleure chance de rester en vie. Autrement dit, si cette réaction n'existe pas, le chat dispose de meilleures chances de manger la souris.

La phase de récupération est également nécessaire. En effet, si la souris reste dans un état de stress important, l'épuisement va s'installer, ce qui est aussi incompatible avec la survie qu'une absence de réactivité.

Cet exemple nous permet d'entrevoir qu'**une bonne utilisation du stress consiste à avoir la réaction physiologique, émotionnelle et psychologique nécessaire à l'action** et assez de récupération pour disposer de cette quantité d'énergie en cas de besoin ou lorsque c'est souhaitable.

Cet équilibre entre les dépenses et l'épargne ressemble beaucoup à la gestion d'un budget : savoir dépenser son argent de la meilleure manière possible pour sa sécurité et son plaisir sans mettre en danger toutes ses économies ! Une bonne gestion consisterait finalement à augmenter à la fois ses réserves et sa capacité de dépense.

Cet ouvrage a pour objectif d'expliquer ce qu'est le stress, comment il fonctionne et de quelle manière en retirer un maximum d'avantages et en minimiser les inconvénients.

Il s'agit donc d'un ouvrage pratique. Aucune connaissance préalable n'est nécessaire, même si chacun des concepts présentés a été l'objet d'études scientifiques reconnues. Quand les termes techniques sont indispensables, ils font l'objet d'une note explicative précise placée en marge.

Une bibliographie permet aux étudiants, aux professionnels et à toute personne curieuse de compléter l'information.

Des exemples, des exercices, un résumé par chapitre facilitent la compréhension et l'apprentissage des méthodes.

Cet ouvrage est destiné à toutes les personnes souhaitant une information claire sur la question du stress, et désirant acquérir des méthodes pour sa gestion. Il sera éventuellement le complément utile d'un programme d'entraînement individuel ou en groupe.

Enfin, les étudiants et les professionnels (médecins, psychologues, infirmiers, éducateurs, enseignants), s'intéressant aux thérapies comportementales et cognitives, se sentiront certainement concernés, pour leur métier bien sûr… mais peut-être aussi pour eux-mêmes, les situations stressantes ne manquant pas dans l'exercice de leur profession.

Bonne lecture et bonne gestion du stress, votre qualité de vie en dépend !

partie 1

Comment agit le stress

chapitre 1

Qu'est-ce que le stress ?

chapitre 2

Analyser et évaluer son stress

chapitre 1

Qu'est-ce que le stress ?

La meilleure définition est celle de Hans Selye : « Le stress est la réponse non spécifique que donne le corps à toute demande qui lui est faite[1]. »

Une demande faite au corps entraîne toujours deux effets :

1. Spécifique, c'est-à-dire propre à elle-même. Par exemple, un médicament agit en fonction de son principe actif : un antalgique calme la douleur, un antibiotique combat l'infection.

2. Non spécifique, correspondant à la réaction du corps indépendamment de l'effet propre de l'agent actif. Il s'agit alors d'une réponse que l'organisme déclenche en présence de nombreux stimuli différents.

Le stress est donc la réaction non spécifique de l'individu soumis à des stimulations

Stresseurs et types de réactions

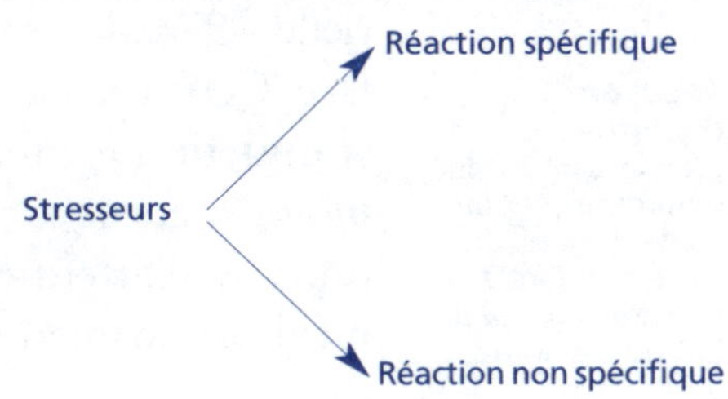

1. Hans Selye, *Le Stress de la vie*, Paris, Gallimard, 1956.

Stresseur : situation dans laquelle un individu déclenche une réaction de stress.

externes appelées **stresseurs**. Ces stresseurs peuvent d'ailleurs être désagréables et pénibles, ou bien souhaitables et agréables !

Par exemple, un divorce est un événement généralement pénible, un mariage est un événement généralement agréable… Tous deux sont des stresseurs importants et peuvent entraîner le même type d'excitation : émotivité, palpitations, pleurs, etc.

Le dessin ci-contre illustre le propos : gagner au loto est un stresseur comme peut l'être aussi un redressement fiscal, même si les conséquences pour le sujet sont différentes.

À QUOI SERT LE STRESS ?

Syndrome général d'adaptation : réaction de l'individu pour s'adapter aux stresseurs et évoluant en trois phases : réaction d'alarme, phase de résistance et phase d'épuisement.

Réaction d'alarme : première phase du syndrome général d'adaptation correspondant à la réaction aiguë d'un individu soumis à un stresseur.

Le stress sert à rétablir l'équilibre intérieur rompu par les demandes extérieures. Il s'agit du **syndrome général d'adaptation**, qui évolue en trois phases.

Première phase

Quand l'organisme est exposé à une stimulation importante, il réagit tout d'abord par un choc : le cœur bat plus vite, le tonus musculaire diminue, la tension artérielle tombe. Le sujet se sent en général sidéré. Dans un second temps, le corps met en route des mécanismes de défense et s'adapte au traumatisme : la tension artérielle s'élève, les muscles se contractent, le sujet est plus apte à faire face. Cette première phase se nomme **réaction d'alarme**. Quand la stimulation est moins importante, la réaction de l'individu est moindre et elle se traduit surtout par une vigilance accrue, par une capacité d'attention et de mémorisation plus grande et par une meilleure adaptation à la situation.

Deuxième phase

Si le sujet reste assez longtemps soumis aux stresseurs, la seconde phase apparaît marquée par un état d'alerte, qui, lui, se

C'EST FAUX !

« Pour réussir dans la vie, il faut être stressé, sinon on devient mou et inefficace ! »

Le stress n'est utile que s'il n'est pas envahissant. Savoir gérer les situations dans le calme est, la plupart du temps, beaucoup plus efficace.

caractérise par une mise en tension permanente. Il s'agit de la **période de résistance**.

Troisième phase

Quand l'organisme n'a plus les moyens de s'adapter, il entre dans la **phase d'épuisement**.

La maladie peut intervenir à chacune de ces phases, en fonction de l'intensité des stresseurs et des aptitudes d'adaptation du sujet. Par exemple, une contrariété (phase d'alarme) peut entraîner des troubles digestifs, un mal de tête. Si le stresseur est plus important (comme l'annonce d'un décès, un accident de la route traumatique), la **décompensation** d'une maladie plus grave peut survenir (comme un diabète, un ulcère à l'estomac, etc.).

De manière générale, cependant, les troubles apparaissent plus progressivement durant la période de résistance : hypertension artérielle, cholestérol, anxiété, **maladies fonctionnelles** deviennent de plus en plus fréquents au fur et à mesure de l'installation de cette seconde phase. La dernière phase, dite d'épuisement, correspond, au minimum, à un sentiment de fatigue chronique dont le sujet pense qu'il n'arrivera pas à sortir. La dépression devient une évolution probable.

Évolution de la réaction du stress

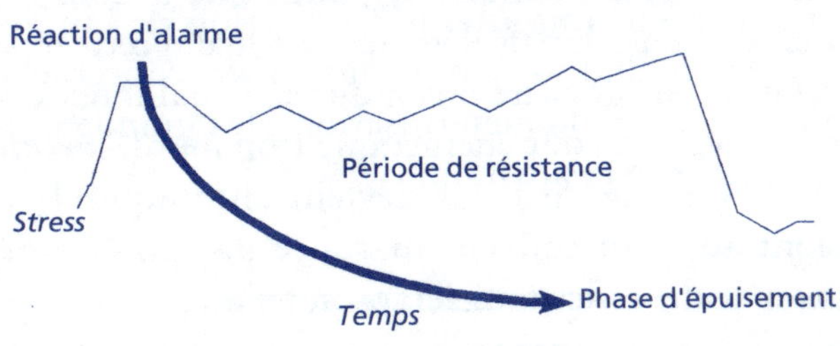

Période de résistance : seconde phase du syndrome général d'adaptation caractérisée par un état d'alerte et une mise « sous tension » de l'organisme.

Phase d'épuisement : troisième et dernière période du syndrome général d'adaptation caractérisée par une fatigue importante et une réactivité aux stresseurs qui s'épuise.

Décompensation : faillite des mécanismes régulateurs qui empêchaient une affection de provoquer des troubles fonctionnels, métaboliques ou psychiques.

Maladies fonctionnelles : maladies, souffrances, liées au fonctionnement des organes. Une colique, par exemple, est liée le plus souvent à une accélération du fonctionnement intestinal, des maux de tête à la contraction des muscles.

Le stress met en jeu le fonctionnement de tout l'organisme : cerveau, muscles, tube digestif, cœur et vaisseaux, peau, etc. Un ensemble constitué par certaines glandes, l'hypophyse, la corticosurrénale, ainsi que l'hypothalamus et le système nerveux neurovégétatif, joue un rôle particulièrement important dans sa mise en œuvre. Cela explique certainement le retentissement global sur l'organisme et les nombreuses pathologies en cause.

À l'origine, le stress préparait surtout le sujet à un effort bref et intense : la fuite ou le combat.

L'énergie engendrée par le phénomène du stress et mise à la disposition du sujet permettait donc la survie dans l'action : une souris poursuivie par un chat dépense toute l'énergie créée par le stress, qui lui donnera une chance de sauver sa vie… Actuellement, cette dépense d'énergie devient, la plupart du temps, inutile pour un être humain, mais continue d'exister. Par exemple, si un étudiant présente un examen oral, il peut avoir le cœur qui bat vite, trembler ou transpirer, avoir ses muscles contractés. Il dépense ainsi beaucoup plus d'énergie que nécessaire pour l'action : organiser ses connaissances et répondre aux questions.

L'activation du stress peut même parfois aboutir à un résultat inverse de celui souhaité : comme de ne pas pouvoir organiser ses idées, ni donner les réponses nécessaires.

Cette dépense énergétique inutile est souvent un état chronique. Elle participe d'une manière très importante à la constitution des conséquences du stress : troubles fonctionnels, dépression, troubles anxieux, maladies organiques.

En revanche, la réponse organique produite par le stress, quand elle s'adapte aux événements de la vie, permet de mieux résoudre les problèmes et favorise le développement des aptitudes du sujet (facilite l'attention, la mémoire…), ainsi que le confort de vie (confiance en soi, sensation de détente…). Quand cette réponse est trop importante, en intensité ou en durée, l'équilibre est rompu, ou bien se fait avec un coût énergétique trop lourd, incompatible avec une bonne santé. Si l'état devient chronique, la période d'épuisement apparaît souvent marquée par un état dépressif majeur, une maladie fonctionnelle ou organique.

Une réaction de stress adaptée correspond donc à une dépense énergétique minimale pour une efficacité maximale.

Une réaction de stress mal adaptée correspond à une dépense énergétique trop importante ou/et trop durable pour l'action, la pensée, les sentiments nécessaires.

Cette énergie est alors surtout dépensée en émotivité, autrement dit en « chaleur inutile » et, comme nous le verrons plus loin, nocive.

La réaction de stress la plus adaptée est donc le meilleur rapport « qualité/prix » possible : la dépense énergétique la plus ajustée pour l'action, la pensée et les sentiments nécessaires.

RÉSUMÉ

Comment fonctionne le stress ?

Le stress est un mécanisme physiologique dont le but est de **rétablir l'équilibre**. Quand ce mécanisme est dépassé, les conséquences néfastes apparaissent.

En présence de **stresseurs**, l'organisme réagit par une **réaction d'adaptation** évoluant en trois phases :

– la **réaction d'alarme**, qui prépare le corps à l'action ;

– la **période de résistance**, durant laquelle le corps s'organise en tension ;

– la **phase d'épuisement**, caractérisée par la fatigue.

La maladie, le plus souvent **fonctionnelle**, c'est-à-dire reliée au dysfonctionnement des organes (céphalée, trouble digestif, hypertension artérielle…), parfois **organique**, liée à des lésions (ulcère à l'estomac, infarctus du myocarde), peut apparaître à chacune des trois phases, mais, le plus souvent, elle se développe au cours de la seconde et de la troisième phase.

Le stress adapté correspond au meilleur rapport « qualité/prix », c'est-à-dire à la dépense énergétique minimale pour une action et une pensée efficaces, et les sentiments nécessaires.

LES CONDITIONS DU STRESS

La réaction de stress dépend de deux facteurs principaux :

– le ou les stresseurs et le contexte social ou familial dans lequel ils surviennent ;

– le sujet lui-même.

Mieux comprendre le problème permet de mieux le résoudre, aussi ces deux facteurs vont-ils maintenant être présentés de manière détaillée.

C'EST FAUX !

« Avec tous les problèmes que l'on rencontre, et le rythme de vie actuel, il n'est pas possible de vivre sans souffrir du stress ! »

Le stress dépend des conditions extérieures mais également des aptitudes de la personne pour faire face et ne pas aggraver le problème.

▶ Les stresseurs et le contexte

Un stresseur est une situation à laquelle un sujet est exposé et qui nécessite une adaptation pour y faire face.

Il existe plusieurs manières de ranger les différents stresseurs auxquels un sujet est soumis.

Nous différencierons tout d'abord les **stresseurs aigus** des **stresseurs chroniques** et répétitifs, puis les stresseurs en fonction de leur **nature** et, enfin, ceux en fonction de leurs **aspects concrets** ou **relationnels**. L'importance des **facteurs familiaux** et **amicaux** sera également étudiée.

▷ *Les stresseurs aigus*

Une personne peut être soumise à un événement aigu dangereux ou vécu comme incontrôlable – par exemple, un accident de voiture, une agression, un viol. Quelquefois, l'événement peut paraître anodin, comme le fait de recevoir une critique, ou bien de se retrouver dans une situation qui génère de la honte, et peut néanmoins laisser des séquelles importantes à long terme. Cela montre qu'un traumatisme, dans une certaine mesure, n'agit qu'en fonction de la personne qui le subit.

Le sujet commence de toute façon à répondre par une réaction d'alarme. Parfois, le problème s'arrête là. Le plus souvent, cependant, si le traumatisme est important, une maladie appelée **stress post-traumatique** se développe, caractérisée par un état anxieux permanent avec des réactions de sursaut (cœur qui bat plus vite, transpiration, peur parfois intense…) aux bruits et autres stimuli courants. La nuit et, souvent, la journée sont envahies par les images ou le souvenir de l'épisode. Assez rapidement, apparaît une sensation de fatigue, de perte de motivation et de plaisir évoluant vers un état dépressif. Le stress post-traumatique doit être traité le plus rapidement possible après l'épisode déclenchant. Un

Stress post-traumatique : maladie caractérisée par un état anxieux permanent, associé à des troubles du sommeil et à une reviviscence de l'épisode traumatique initial.

suivi thérapeutique donne souvent, dans ce cas, un résultat très satisfaisant.

Exemples : **Mireille** a eu un accident de voiture sur l'autoroute : un camion a éclaté un pneu devant elle et s'est mis en travers ; elle a heurté violemment le rail de sécurité ; une autre voiture, à son tour, n'a pas réussi à arrêter sa course et l'a percutée par le côté. Mireille n'a eu, par miracle, que quelques égratignures et ecchymoses. Le conducteur et le passager de la voiture qui la suivait sont décédés dans l'accident. Depuis, Mireille revoit sans arrêt les images de l'épisode et est réveillée la nuit par d'horribles cauchemars. Elle présente de nombreuses manifestations fonctionnelles : cœur qui bat vite, crise de transpiration et de tremblement, diarrhées fréquentes. Un état dépressif s'installe peu à peu.

Jean-Christophe, 35 ans, revoit toujours, comme si cela s'était passé hier, une scène de son enfance. Il était alors élève de sixième et l'un de ses camarades lui avait volé son goûter. Il se souvient parfaitement de l'épisode, des émotions qu'il a alors éprouvées, de la réaction du surveillant qui s'était moqué de lui. Il pense que la vexation qu'il a ressentie à ce moment-là le fait encore souffrir et que de nombreux problèmes de susceptibilité qu'il a sont dus à cet événement.

▷ *Les stresseurs chroniques*

Un second type de stresseurs correspond aux situations répétitives ou chroniques, comme la surcharge professionnelle, l'esprit de compétition ou une ambiance de travail pénible. Dans ce cas, la réaction du sujet devient permanente ou très fréquente. Cela entraîne progressivement le sujet vers un état d'épuisement.

Les rythmes de vie (horaires de lever et de coucher, deux-huit, trois-huit, changements fréquents de fuseaux horaires) entrent dans ce cadre.

Exemple : **Jacqueline** est secrétaire dans un cabinet médical depuis dix ans. D'abord engagée pour seulement deux médecins, elle est à présent chargée du secrétariat de six praticiens de spécialités différentes et doit gérer un nombre d'appels téléphoniques au moins multiplié par dix, depuis le rajout de lignes supplémentaires. Le contact avec les patients pressés et les médecins, les courriers, et, pour couronner le tout, l'arrivée d'une collègue inexpérimentée ont entraîné une surcharge de travail et de stress très importante. Jacqueline se sent de plus en plus fatiguée, n'arrive plus à récupérer et commence à avoir des insomnies. Elle se sent plus irritable, surtout en famille.

▷ *La nature des stresseurs*

Il est également possible de ranger les stresseurs en fonction de leur nature.

1. Au niveau du travail, la **surcharge professionnelle**, qui consiste en une quantité disproportionnée d'informations à traiter, de problèmes à résoudre ou de décisions à prendre, est l'un des stresseurs habituels. L'esprit de compétition et de performance est également une source de tension supplémentaire. Il en est de même des nombreux changements, si fréquents à notre époque, nécessitant de savoir s'adapter à de nouvelles fonctions, de nouveaux postes. Cela est habituel au niveau de l'encadrement, mais également au niveau des personnels de production et du tertiaire.

Les restructurations, les fusions, l'insécurité de l'emploi sont de cet ordre.

Inversement, la **sous-charge de travail**, le chômage, un emploi répétitif et sans débouché sont également des stresseurs bien reconnus, surtout quand il existe un décalage entre l'ambition de la personne et la réalité de son métier.

Exemple : **Stéphane** travaille dans le service informatique d'une grosse société commerciale. Sa tâche est très répétitive, peu intéressante et laisse de grandes plages horaires inoccupées. Depuis deux ans environ, Stéphane souhaite trouver un autre emploi, mais n'ose pas se lancer. En outre, dans son entreprise, on parle de plus en plus de restructuration, et il craint de perdre son emploi, qu'il n'aime pas !
Stéphane se sent fatigué, a des problèmes de sommeil et fait des crises d'angoisse. Il souffre également de gastrite et de brûlures œsophagiennes liées à une hernie hiatale.

2. Le manque d'argent, l'endettement, l'achat d'un appartement ou d'une maison donnent des « soucis », et peuvent être responsables d'un état d'anxiété chronique.

3. Les conditions d'habitation, l'insalubrité, le bruit et autres nuisances chroniques sont généralement mal supportés.

4. Les problèmes relationnels, au niveau professionnel ou familial, représentent une source importante de stresseurs. Les mésententes, disputes, séparations, les climats de tension, les critiques négatives, et même parfois les compliments, les demandes des autres, les responsabilités familiales ou concernant les autres dans la profession entrent dans ce cadre.

Exemple : **M. et Mme Dupont** font construire une maison dont les travaux n'en finissent pas. Ils habitent avec leurs trois enfants chez les parents de monsieur en attendant de pouvoir emménager, et l'ambiance familiale est tendue.
Le couple s'est lourdement endetté, les privations et les sacrifices sont nombreux. Madame et monsieur font souvent leurs comptes et se disputent de plus en plus fréquemment.
Mme Dupont se fait beaucoup de soucis, dort mal, a des migraines incessantes. Elle se sent fatiguée et fait de nombreux reproches à son mari.
M. Dupont se sent débordé par son travail et la construction de la maison. Il est très irritable et se plaint souvent d'un mal de dos, contre lequel aucun traitement n'est efficace.

La liste n'est bien sûr pas limitative et chacun d'entre nous est soumis à des situations déclenchant le stress qui lui sont particulières, mais, en pratique, les méthodes pour faire face, d'une part, ont pour objectif le **contrôle direct de l'émotivité en situation** et, d'autre part, développent des outils pour gérer de manière efficace :

- les **situations concrètes**, comme l'organisation de l'emploi du temps, les pratiques de résolutions de problèmes et de prises de décisions, les changements fréquents dans l'entreprise ;
- les **situations relationnelles**, dont les plus importantes sont l'esprit de compétition, les conflits plus ou moins ouverts ou masqués.

▷ *Les situations concrètes et relationnelles*

Ranger les stresseurs selon ces deux catégories permet de mieux développer les compétences nécessaires pour faire face. L'exemple de Juliette montre à la fois qu'elle a acquis cette façon de procéder et comment elle s'est organisée pour gérer le stress.

CONSEIL

Considérer que le stress que je ressens est **uniquement lié aux facteurs extérieurs** ne me laisse aucune autre solution que de subir ou d'éviter/échapper.
Que je subisse trop ou que j'évite trop, la « facture » du stress augmente !
À moyen ou à long terme, l'addition risque d'être très lourde.
Il vaut donc mieux développer ses **compétences personnelles** pour rester « calme dans la tempête », plutôt que de tenter uniquement de réduire les stresseurs extérieurs !

Exemple : **Juliette** est standardiste et hôtesse d'accueil dans une entreprise commerciale. Elle doit donc, dans son travail, faire face à une double contrainte :
- répondre au téléphone ;
- recevoir les clients, les faire patienter et les renseigner.

Elle s'est organisée en développant de nombreux outils et compétences : elle ménage son calme, met en attente les communications peu urgentes, note les appels systématiquement au fur et à mesure, a à portée de main les brochures et les documentations nécessaires. Tout cela lui permet de mieux faire face sans stress et lui rend plus facile l'acquisition d'autres savoir-faire.

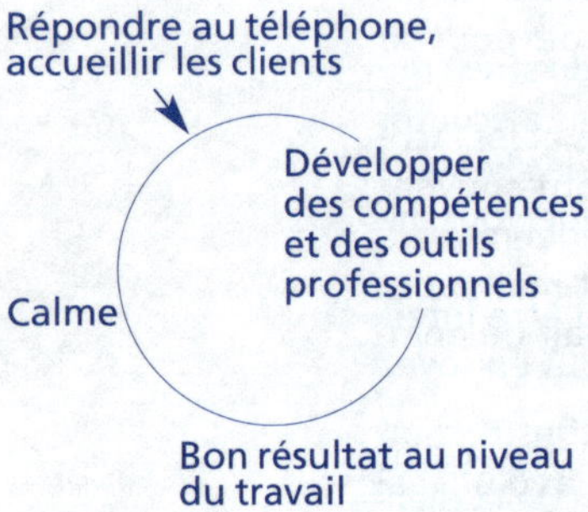

Les stresseurs matériels et concrets professionnels les plus fréquents sont :
- le temps et la quantité d'informations et de problèmes à traiter par unité de temps ;
- le décalage entre le « travail prescrit » et le travail réel, entre la « tâche » et les moyens disponibles pour sa réalisation ;
- l'inadéquation entre le poste et les attentes ou les compétences personnelles ;
- les changements liés aux restructurations, aux fusions d'entreprise ;
- l'incertitude de l'emploi ;
- les résolutions de problèmes ;
- les prises de décisions.

Les stresseurs matériels et concrets de la vie courante les plus fréquents sont :
- le bruit ;
- les transports ;
- les problèmes d'argent ;
- les problèmes de logement, comme la construction d'une maison, ou de mauvaises conditions d'habitat.

Exemple : Une cliente fait remarquer à **Juliette**, de manière agressive, que le téléphone a interrompu deux fois sa demande de renseignements.

Juliette a été confrontée plusieurs fois à ce type de situation et a appris, dans une formation spécialisée, à négocier avec l'agressivité des autres.
Elle sait donc que répondre sur le même ton que la cliente ne ferait qu'augmenter le mécontentement de cette dernière et serait également désagréable pour elle.
Juliette applique alors une méthode de gestion du stress qui consiste, tout d'abord, à calmer ses émotions puis à écouter tranquillement mais attentivement la plainte de la cliente :
– Vous me prenez pour qui ? Ça fait deux fois que vous me coupez la parole à cause du téléphone !
– Je suis d'accord avec vous, c'est très pénible d'être interrompue par le téléphone... C'est normal que vous en soyez contrariée. J'ai eu du mal à m'y faire également, mais je suis malheureusement obligée de répondre, étant aussi la standardiste de l'entreprise. Vraiment, je suis désolée !
La cliente réagit en minimisant le problème :
– Ce n'est rien... Vous n'y êtes pour rien, je comprends...
Juliette est finalement renforcée dans son calme. Savoir négocier les situations de conflit lui permet d'exercer plus confortablement son métier et diminue les risques liés au stress.

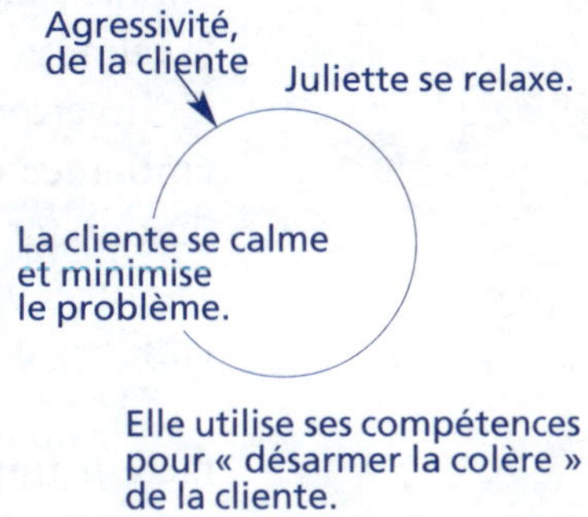

Les stresseurs relationnels professionnels les plus fréquents sont :
– la pression hiérarchique, parfois jusqu'au harcèlement ;
– les conflits au travail avec les collègues ou les subalternes ;
– les critiques négatives et le manque de renforcement ou de reconnaissance ;
– les difficultés de communication.
Les stresseurs relationnels les plus fréquents en dehors du travail sont :
– les conflits familiaux ;
– les problèmes de voisinage ;
– les conflits avec les amis ;
– les problèmes commerciaux et associatifs.

Si quelqu'un reste calme en situation stressante, il saura mieux utiliser ses compétences pour agir et, de plus, si ses compétences sont élevées, il saura davantage rester calme. Un

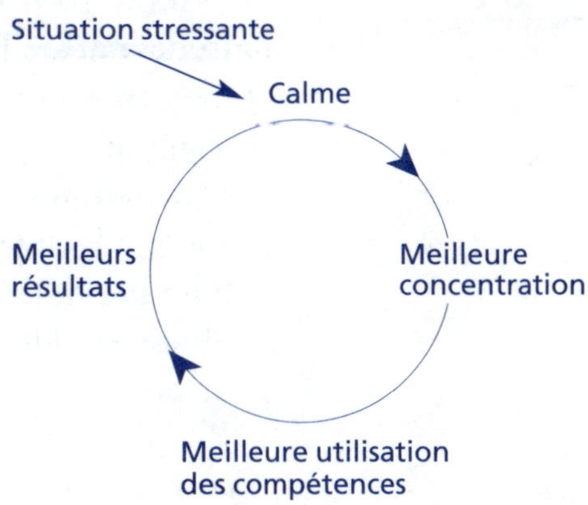

cercle dynamique s'enclenche alors entre compétence et contrôle émotionnel, optimisant les résultats.

Le contexte social et familial joue un rôle important pour minimiser ou, au contraire, aggraver l'impact des stresseurs.

▷ *Le contexte social et familial*

Être soutenu par sa famille, avoir des amis ou une bonne ambiance de travail permettent de gérer avec beaucoup plus d'efficacité et bien moins de réactivité les situations stressantes. En effet, pouvoir parler de ses problèmes, rentrer chaque soir dans une famille solidaire, avoir des collaborateurs sympathiques favorisent le calme et l'acquisition des compétences pour faire face.

Inversement, l'isolement familial ou amical, une mauvaise ambiance relationnelle aggravent la réactivité aux stresseurs en diminuant le soutien et en ajoutant des tensions.

Ainsi, un étudiant ou un cadre commercial bien soutenu par sa famille a de meilleures chances de succès !

Un bon rapport avec les personnes de notre entourage est un facteur important d'équilibre, de réussite et diminue les conséquences néfastes du stress. Il est donc souhaitable de « soigner » la relation que nous avons avec les autres, et pas seulement par goût altruiste !

▶ Soi-même face aux situations stressantes

Tout le monde ne réagit pas de la même manière aux situations stressantes. La réaction dépend aussi du sujet lui-même et de ses aptitudes **naturelles et acquises.**

▷ *L'émotivité naturelle*

Une personne peut être naturellement plus ou moins émotive. Toutes les sages-femmes et le personnel des maternités savent que les nouveau-nés n'ont pas, dès leur naissance, un comportement et des émotions identiques. Certains sont calmes, d'autres pleurent, d'autres s'agitent…

Plus l'émotivité est grande, plus la sensibilité aux stresseurs est importante.

C'EST FAUX !

« Quand on est stressé, c'est pour toujours, on naît comme ça, et rien ne peut changer ! »

Être stressé est un état émotif et correspond à un style de pensée et de comportement. Il est toujours possible de modifier les émotions, les pensées et les comportements si cela est souhaitable.

Cela n'est cependant pas une fatalité, et il est toujours possible de compenser ce phénomène par apprentissage, le plus souvent de manière spectaculaire.

Exemple : **Bertrand** était émotif depuis toujours. Très sensible, il « réagissait au quart de tour » et se faisait vite du souci pour tout. Il s'agit d'un trait familial, et il semble que son père, son grand-père et tous ses oncles aient eu le même problème !
Depuis qu'il avait créé une petite entreprise artisanale, tout s'était aggravé. Il avait perdu sommeil, joie de vivre et n'arrivait pas à envisager les choses de manière agréable.
Il se sentait de plus en plus tendu et se plaignait de nombreux troubles physiques : sensations d'étouffement, crises de transpiration, douleurs articulaires, mais ne se mettait jamais en arrêt de travail, de peur de perdre son entreprise.
La mise en place d'un programme structuré de gestion du stress pendant huit mois lui a permis, dans un premier temps, de mieux contrôler ses réactions émotionnelles, puis d'organiser son travail avec des méthodes de résolutions de problèmes et de prises de décisions. Un entraînement à la résolution des conflits interpersonnels a complété le programme.
Le résultat est bon, puisque l'ensemble des manifestations fonctionnelles a considérablement régressé. Bertrand juge être « 300 % » plus efficace dans son travail. L'amélioration, trois ans après la fin de l'entraînement, est toujours perceptible.

▷ *Le style de vie*

Un certain style de vie, nommé **comportement de type A**, joue un rôle important dans la mise en place du processus de stress. Cela a été mis en évidence dès 1959 par Friedman et Rosenman[2], qui ont décrit ce mode de fonctionnement, caractérisé par une « lutte contre

Comportement de type A : comportement marqué par le sentiment de l'urgence et l'irritabilité. Les personnes soumises à ce type de comportement ont un plus grand risque de maladies cardio-vasculaires. Un comportement de type B est l'inverse du type A : plutôt calme et relaxé sans sentiment d'urgence ni d'hostilité. Trop de comportements de type A est dangereux pour la santé ; trop de comportements de type B peut entraîner un « syndrome de passivité », marqué par un manque d'intérêt pour l'activité et une certaine fragilité face à l'imprévu ! L'idéal serait donc de conserver la motivation et l'intérêt sans le stress.

2. M. Friedman, R. H. Rosenman, *Association of Specific Overt Behavior Pattern with Blood and Cardiovascular Findings Blood Cholesterol Level, Blood Clotting Time, Incidence of Arcus Senilis and Clinical Coronary Heart Disease*, Jama, 1959, n° 169, pp. 1286 à 1296.

le temps et les autres » (Cottraux, 1981)[3] dans le but de garder le contrôle sur les situations. Les personnes ont alors une hyperactivité, une tendance à l'agressivité ou à l'irritabilité, à l'impatience, une tension musculaire permanente. Il s'agit, au même titre que le tabagisme ou une alimentation trop riche en graisse, d'un facteur de risque cardio-vasculaire important.

Les cadres commerciaux, les dirigeants d'entreprise petite ou grande présentent souvent un comportement de type A, dont ils souffrent parfois peu. Les maladies cardio-vasculaires en sont fréquemment le révélateur.

▷ *Les aptitudes acquises*

Les aptitudes acquises jouent également un rôle fondamental. Si quelqu'un est compétent dans un domaine particulier, il sera beaucoup plus à l'aise dans la situation concernée et n'aura pas de manifestation de stress trop importante. Par exemple, un conférencier ayant l'habitude de parler en public et connaissant bien son sujet sera bien plus confiant dans ses capacités et bien moins sujet au trac que s'il parle rarement devant un auditoire. Nous disons alors que ce conférencier a développé de « bonnes attentes d'efficacité[4] ».

Si une personne dispose de bonnes compétences dans sa profession, mais également dans les différents domaines de sa vie (affectif, relationnel, de loisirs, etc.), nous constatons le plus souvent que cette personne a développé un sentiment de confiance en soi important, mais également une bonne estime de soi. La vie devient alors plus facile !

L'acquisition de savoir-faire protège des conséquences négatives du stress, mais augmente également ce que les psychiatres nomment le « sens de la cohérence » (Antonovsky)[5] : une personne a une évaluation plus ou moins grande de la cohérence de ses actions et du monde. Quand ce sens de la cohérence est élevé, le sentiment de contrôle sur les événements est important, la santé est meilleure ;

3. J. Cottraux, « *Psychosomatique* » *et médecine comportementale*, Paris, Masson, 1981, pp. 161 et 162.
4. A. Bandura, *Social Learning Theory,* Prentice-Hall, Englewood Cliffs, New Jersey, 1976. Traduction française par J.-A. Rondal, Bruxelles, Mardaga, 1980.
5. A. Antonovski, « The Structure and the Properties of the Sense of Coherence Scale » ; *Social Science and Medecine*, 1993, 36 (6), pp. 725-733.

quand le sens de la cohérence est bas, il y a diminution du sentiment de contrôle sur les événements, le stress augmente et les pathologies concernées également.

RÉSUMÉ

Les conditions du stress

La réaction de stress dépend de deux facteurs principaux :
1. le ou les stresseurs et le contexte familial et social ;
2. le sujet lui-même.

Les stresseurs varient en fonction de leur aspect aigu ou chronique et répétitif, et de leur nature.

Il est particulièrement intéressant pour la conduite à tenir de les ranger en deux catégories : les **stresseurs concrets** et les **stresseurs relationnels**.

Le contexte familial et social a une influence importante sur les aptitudes du sujet face aux stresseurs.

Quand ce contexte est bon, les personnes sont capables d'affronter avec moins de stress les situations difficiles. Si le contexte est mauvais, la fragilité de la personne augmente.

Chacun d'entre nous n'a pas la même sensibilité au stress, les personnes émotives naturellement ou par apprentissage sont plus vulnérables. Cela ne veut pas dire que les conséquences sont inéluctables. Un entraînement à la gestion du stress donne régulièrement un bon résultat, autant au niveau de la réaction de l'individu que de l'amélioration de ses compétences.

Les aptitudes acquises, en augmentant le sentiment de contrôle sur les événements, améliorent la confiance en soi, développent l'estime de soi et augmentent le « sens de la cohérence ». Tous ces facteurs protègent du stress et de ses conséquences pathologiques.

EXERCICE

Suis-je stressé ?

1. Quels sont les stresseurs principaux auxquels je suis soumis ? De quel type sont-ils ? En faire une liste et noter l'importance de l'impact de chacun de 0 à 10 (0 = aucun impact, 10 = un impact maximal).

2. Suis-je émotif de manière générale ? Sur une échelle de 0 à 10, quelle note puis-je donner à mon émotivité (0 = aucune émotivité, 10 = une émotivité maximale) ? Ai-je un comportement de type A marqué par le sentiment de l'urgence permanente, une tendance à l'irritabilité et au besoin de contrôle sur les situations ? Quelle note de 0 à 10 puis-je donner à mon comportement de type A ?

3. Suis-je bien entouré sur les plans familial et amical, ou bien suis-je dans un milieu hostile ou suis-je isolé ? Quelle note de 0 à 10 puis-je donner au soutien familial et amical dont je bénéficie ?

4. En fonction des questions précédentes, suis-je, à mon avis, un candidat pour les complications du stress ?

Résultats

Une somme de notes supérieure à 20 fait craindre un trop haut niveau de stress et rend souhaitable une exploration plus approfondie du problème et de ses conséquences.

LES CONSÉQUENCES DU STRESS : AVANTAGES, INCONVÉNIENTS ET RISQUES

Comme nous l'avons déjà vu, quand la réaction de stress est adaptée, elle prépare de manière efficace l'action : plus d'attention et de vigilance, plus d'énergie sont disponibles pour réfléchir et agir. Quand la réaction est trop intense, ou trop durable, les problèmes surviennent.

L'état de stress post-traumatique est la complication la plus fréquente en cas de stresseur aigu, mais d'autres troubles, moins marqués, sont également courants, comme l'insomnie, un état de tension permanent, des diarrhées. Parfois, des troubles organiques apparaissent : une **gastrite**, un ulcère à l'estomac, la décompensation d'un diabète sont possibles.

Lorsque l'état de stress devient chronique, la fatigue, une dépression ne sont pas rares, surtout quand le sujet entre dans la phase d'épuisement.

Le recours aux substances « miracles » débute alors : tabac, alcool, café, mais aussi médicaments tranquillisants. L'hygiène de vie se dégrade, avec une alimentation plus anarchique (trop ou trop peu), la diminution du temps de sommeil, etc.

Les troubles fonctionnels (migraines, symptômes digestifs, allergies, problèmes de peau) sont extrêmement fréquents.

Les maladies organiques – hypertension artérielle, cholestérol, infarctus du myocarde, maladies du tube digestif (**rectocolite hémorragique**, problèmes gastriques), **polyarthrite**, **asthme** – trouvent un terrain plus favorable. La décompensation de **problèmes endocriniens**, comme un diabète ou une maladie thyroïdienne, n'est pas rare.

Au-delà des symptômes fonctionnels ou organiques, le stress, avec son cortège d'irritabilité, d'anxiété, de dépression, entraîne souvent des difficultés relationnelles en famille ou au travail, avec parfois des conflits importants, aggravant eux-mêmes, en cercle vicieux, le problème : **le stress fabrique du stress !**

L'observation de nombreux cas de personnes stressées montre clairement que, très souvent, les moyens employés pour améliorer

Gastrite : inflammation de la paroi de l'estomac.

Rectocolite hémorragique : maladie intestinale dont le symptôme principal est le saignement de la muqueuse.

Polyarthrite : maladie inflammatoire touchant simultanément plusieurs articulations.

Asthme : maladie inflammatoire des poumons entraînant une difficulté à expirer : l'air entre dans les poumons et n'en ressort qu'avec difficulté.

Problèmes endocriniens : ce qui est relié aux glandes, dont les principales sont la thyroïde, l'hypophyse et la corticosurrénale.

la situation à court terme l'aggravent à moyen ou long terme. L'exemple du tabac illustre bien ce propos. Une cigarette calme et aide à mieux se concentrer ; en ce sens, elle est bénéfique. Après plusieurs années, un fumeur est devenu dépendant, le risque de cancer et de maladies cardio-vasculaires devient majeur et le stress augmente !

Un autre exemple est celui de l'hyperactivité dans l'urgence. À court terme, le résultat est bon ; à moyen et long terme, la fatigue s'installe et, dans le cas d'un comportement de type A, la réussite sociale risque de se terminer dans un service de réanimation !

La prévention de ces différents inconvénients et risques est donc très utile : mieux vaut prévenir que guérir. Savoir gérer son stress de manière optimale pour la performance, le maintien de la santé physique et psychologique, d'un équilibre relationnel satisfaisant est loin d'être secondaire : il s'agit d'un problème de santé publique que les statistiques ont bien mis en évidence ces dernières années.

LE COÛT ET LES CONSÉQUENCES DU STRESS

Le stress coûte très cher, humainement et économiquement. Au niveau de ses conséquences pathologiques, les dépenses de santé le concernant directement ou indirectement sont extrêmement élevées. La consommation de médicaments anxiolytiques, antidépresseurs, rattachée au stress et aux maladies qui lui sont liés (comme certains troubles anxieux et dépressifs), est considérable.

Les conséquences pathologiques, surtout cardio-vasculaires, reliées à la physiologie du stress, mais également au mode de vie qui

EXERCICE

Comment fonctionne mon stress ?

1. Ma réaction aux situations stressantes est-elle adaptée ? En quoi ? Puis-je avoir un exemple de réaction adaptée, permettant une meilleure résolution du problème qui se pose ?

2. Ma réaction aux situations stressantes est-elle nocive pour moi et pour les autres ? En quoi ? Puis-je repérer un exemple type ?

3. Ai-je les deux types de réactions adaptées et nocives, et pour quelles situations préférentielles ?

y est souvent associé (comme le tabagisme, une alimentation déréglée) entraînent le recours au médecin mais aussi, parfois, à l'hospitalisation.

Il s'agit donc d'un **problème de santé publique** de mieux en mieux reconnu, comme le montrent les nombreuses études et enquêtes actuellement publiées, surtout aux États-Unis, mais également maintenant en Europe et dans le reste du monde.

Curieusement, la France reste très en retard dans les publications. Pourtant, le phénomène y est certainement bien aussi important que dans les autres pays, comme l'indiqueraient les quantités de médicaments anxiolytiques et antidépresseurs consommées. Et il n'y a certainement pas moins de pathologies reliées au stress qu'ailleurs : un sondage CSA de juillet 2000 montre que : 72 % des personnes interrogées ressentent du stress dans leur travail, 11 % ont déjà eu au moins un arrêt maladie lié au stress au travail et 56 % pensent que le stress au travail va s'aggraver à l'avenir.

Le coût du stress ne se limite pas aux soins nécessaires. Il se répercute également au niveau de la société en général, par le nombre de journées d'arrêt de travail, la nécessité de remplacer les personnes malades, la diminution considérable de productivité qu'il entraîne dans l'entreprise.

Les chiffres sont là et donnent le vertige. En voici quelques-uns :

– aux États-Unis, selon les études disponibles auprès de l'*American Intitute of Stress*, le stress coûterait entre 150 et 200 milliards de dollars par an, soit environ 1 à 2 % du PNB… Les dépenses se répartissent en coût santé, absentéisme (150 millions de journées de travail perdues), perte de productivité ;

– les chiffres anglais ne sont pas meilleurs : en suivant les données du *Health and Safety Executive*[6] (HSE), qui cite les études officielles du pays, 279 000 personnes souffrent de troubles dépressifs et anxieux liés au stress et 254 000 de troubles physiques, également liés au stress. Les professions les plus touchées sont les infirmières, les enseignants, mais presque tous les secteurs paraissent

6. Les données sont disponibles sur le site Internet officiel du gouvernement britannique : http://www.hse.gov.uk/hsehome.htm.

concernés. Le stress entraîne 6,5 millions de journées de travail perdues et coûte entre 37 et 38 milliards de livres sterling par an à la société ;

– en Suisse, une étude de l'Office fédéral de l'Économie, réalisée à partir d'un échantillon de 906 personnes, publiée en octobre 1999, montre que 26,6 % des personnes interrogées se disent souvent stressées. Le stress coûte 4,2 milliards de francs suisses au pays (2,4 milliards dus à l'absentéisme, 1,4 milliard est dépensé en frais médicaux et 348 millions en automédication). Ces chiffres ne prennent pas en compte les frais d'allocation invalidité – comme d'ailleurs dans la plupart des enquêtes et études citées dans cet ouvrage – accordée aux personnes qui ne peuvent plus reprendre une activité professionnelle ;

– pour l'Europe, le rapport de l'Agence européenne pour la Sécurité et la Santé au travail (*Research on Work related Stress*[7]), qui fait une revue de la littérature scientifique sur le stress, montre que près d'un travailleur sur trois est touché par le problème. L'Agence insiste sur les conséquences concernant la santé et le coût du stress pour la société. Elle rattache le problème à l'organisation du travail caractérisée, à notre époque, par le changement et l'insécurité de l'emploi. Le stress serait la conséquence d'un déséquilibre entre les exigences du poste de travail et les moyens dont dispose le travailleur pour faire face. Enfin, l'Agence insiste sur l'**efficacité des programmes de gestion du stress** au sein des entreprises, basés sur la reconnaissance précoce des facteurs de risque et les méthodes de résolution de problèmes.

Le Bureau international du travail a tiré la sonnette d'alarme depuis longtemps et a publié récemment une étude (« *Mental Health in the Workplace*[8] ») portant sur quatre pays : la Finlande, l'Allemagne, le Royaume-Uni et la Pologne. Cette étude insiste sur les conséquences psychiatriques du stress : dépression, troubles anxieux. Le stress paraît de plus en plus rattaché aux pro-

7. Ce rapport a été rédigé pour le compte de l'Agence européenne pour la Sécurité et la Santé au travail par le professeur Tom Cox, le docteur Armanda Griffiths et Eusebio Rial-Gonzalez de l'*Institute of Work, Health and Organisations* (I-WHO), University of Nottingham, Royaume-Uni. Il est disponible sur le site Internet : http://agency.osha.eu.int.
8. Phyllis Gabriel et Mario Ritta Limatainen, *Mental Health in the Workplace : Introduction*, Bureau international du Travail, Genève, octobre 2000. ISBN 92-2-112223-9.

blèmes relationnels. ***Mobbing*** et ***bullying***, harcèlement psychologique au travail, **« harcèlement moral »** et parfois physique sont de plus en plus évoqués comme des facteurs de risque importants. Les professions les plus touchées seraient : les contrôleurs aériens, les enseignants de collège, les commerciaux, les dirigeants d'entreprise, les personnels navigants, les policiers, les personnels infirmiers et soignants, les assistantes de direction, les standardistes, les coursiers, les personnels d'encadrement depuis les contremaîtres jusqu'aux cadres moyens et supérieurs. Mais il est vraisemblable que toutes les professions sont concernées, comme les métiers du bâtiment, les artisans, les ouvriers, lesquels sont soumis à des conditions de travail particulièrement éprouvantes aux niveaux concret (bruit, intempéries, etc.) et relationnel… Il est probable que ces populations soient moins étudiées du point de vue du stress.

RÉSUMÉ

Avantages, inconvénients et risques du stress

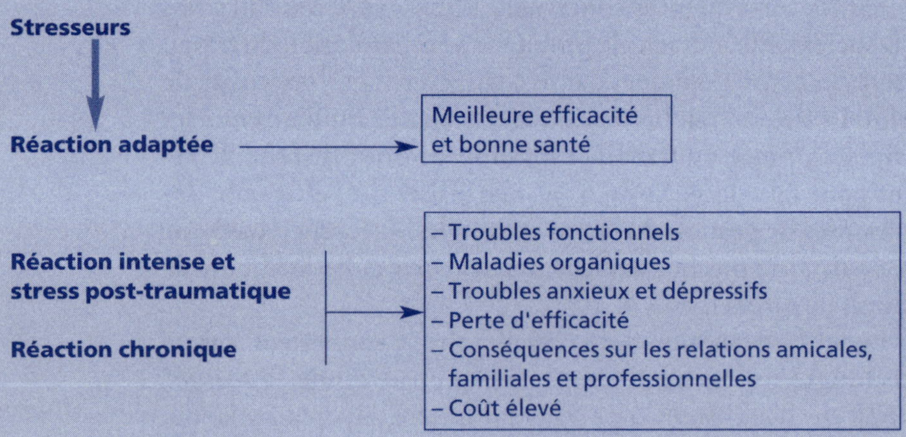

***Mobbing* :** terme anglais provenant du mot « *mob* », signifiant « foule ». Le *mobbing* correspond au fait qu'un groupe de personnes au travail isolent un autre individu, si bien que ce dernier se sent de plus en plus exclu et persécuté. Ce terme semble avoir été employé pour la première fois par Conrad Lorenz dans ses études éthologiques, afin de décrire un groupe d'animaux se regroupant pour exclure un autre animal dangereux. « *Mobbing* » correspondrait en français à « harcèlement psychologique par exclusion » et pourrait se rapprocher du phénomène de « bouc émissaire ».

***Bullying* :** terme anglais provenant du verbe « *to bully* », signifiant « brutaliser », « intimider ». Le *bullying* insiste davantage sur le fait d'intimider et de menacer, par rapport au *mobbing*, dans lequel les choses ne sont pas ou peu dites. Le *mobbing* apparaît plus insidieux et plus pervers que le *bullying*.

Harcèlement moral : une personne est harcelée moralement lorsqu'elle est l'objet de remarques négatives injustifiées, portant atteinte à sa dignité, souvent dévalorisantes, parfois « sous-entendues », mais généralement explicites. Il est fréquent que les « harceleurs » éprouvent du plaisir à harceler. En cela, nous pouvons parler d'une perversion. Il faut, bien sûr, que ces comportements soient répétitifs et durables.

chapitre
2

Analyser et évaluer son stress

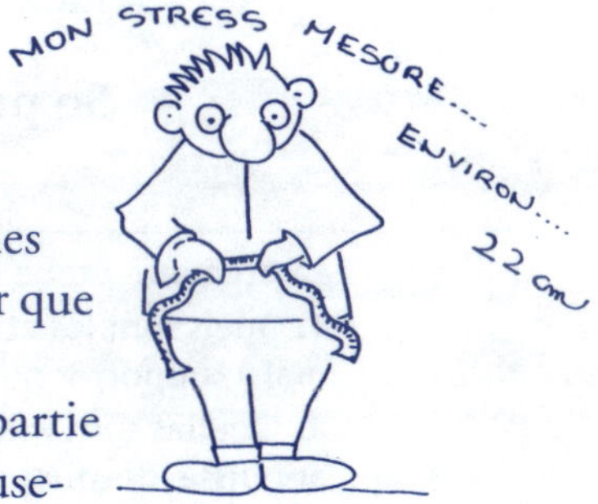

Chacun sa vie, chacun son stress !

Nos vies familiale, professionnelle et sociale sont des stresseurs permanents qui nécessitent un savoir-faire pour que la réussite soit au rendez-vous.

Sans ce savoir-faire, dont la gestion du stress est une partie importante, les risques d'échec, de déception, de désabusement, de maladie deviennent non négligeables.

Chacun d'entre nous est soumis à des stresseurs qui se ressemblent certainement, mais qui ne sont pas les mêmes. Il est donc utile de faire le tour exact de sa propre situation afin de « tailler sur mesure » son programme de gestion du stress.

Si l'état de stress dure, **c'est qu'il est renforcé en permanence**, et généralement par nos efforts pour contrôler la situation.

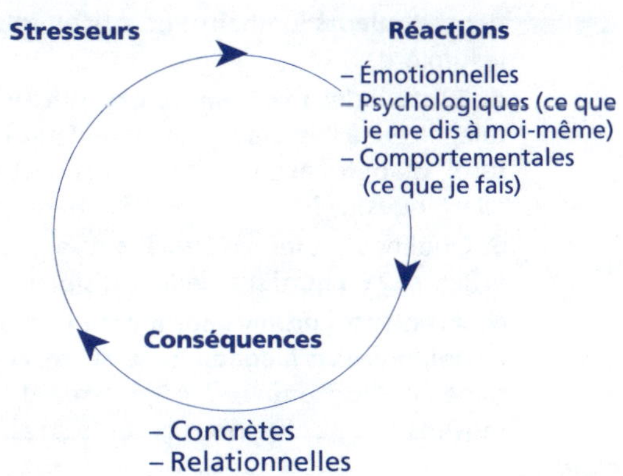

Analyse fonctionnelle : méthode qui consiste à recueillir les informations sur un problème et les ranger de manière à comprendre comment il fonctionne. Les objectifs de l'analyse fonctionnelle sont de définir précisément le problème, les buts souhaitables et les moyens d'action.

Il s'agit d'un cercle vicieux dont la mise en évidence et la compréhension sont indispensables pour savoir que faire et comment. Ce travail se nomme **analyse fonctionnelle** et a pour objectif de répondre aux questions :

– Comment fonctionne mon stress ?
– Quels sont mes points de fragilité ?
– Par où et comment traiter le problème ?

L'ANALYSE FONCTIONNELLE

On ne prend jamais assez de temps pour bien analyser et évaluer son problème. Le simple fait de bien comprendre dans quel cercle vicieux nous sommes pris a souvent directement un effet bénéfique, donc autant ne pas négliger cette phase particulièrement importante. Savoir « perdre » le temps nécessaire pour l'analyse fonctionnelle, c'est, en fait, beaucoup en gagner !

▶ Se poser les questions utiles

EXERCICE

La première étape consiste à se poser les questions suivantes :

1. Quels sont les **stresseurs principaux** auxquels je suis soumis (ceux que j'ai du mal à supporter ou qui me demandent beaucoup d'efforts) ?

2. Quelles sont mes **réactions émotionnelles principales** (irritabilité, colère, angoisse, découragement, sentiment d'urgence…) ?

3. Quelles sont les **manifestations fonctionnelles principales** (répercussions sur le sommeil, tensions musculaires, maux de tête, troubles digestifs, palpitations, douleurs lombaires et articulaires, problèmes visuels, sensibilité au bruit, à la lumière…) ?

4. Existe-il des **problèmes organiques** (maladies de peau, gastrite, hernie hiatale, ulcère à l'estomac, autres maladies digestives, hypertension artérielle, cholestérol, diabète, asthme, infections bactériennes ou virales fréquentes, problèmes allergiques…) ?

5. Quelles sont les **méthodes** que j'emploie pour faire face ? En quoi sont-elles efficaces ? En quoi sont-elles nuisibles ?

6. Au niveau de mes comportements, ai-je des **habitudes toxiques** (tabac, alcool, produits illégaux, café, sucre, chocolat) ? Ai-je un régime alimentaire trop riche ou trop pauvre ? Ai-je assez d'activité physique ? Quels sont les autres moyens que j'utilise pour gérer le stress ?

7. Quelles sont les **conséquences concrètes** sur mon comportement ? Est-ce que j'obtiens ce que je désire ? Mes objectifs sont-ils atteints ? Quelles sont les conséquences sur mes relations familiales, professionnelles, sur mes loisirs et, plus généralement, sur ma vie sociale ?
8. Est-ce que je suis **soutenu** par ma famille, mes amis, mes relations de travail, ou, au contraire, ai-je à **supporter** des problèmes supplémentaires à ce niveau ?
9. Quels ont été les **principaux traumatismes** dans ma vie (perte d'emploi, décès, maladie personnelle ou chez une personne chère, séparations et divorces, problèmes avec les enfants, les parents, le conjoint, la famille en général) ?
10. Suis-je de nature plutôt **émotive**, **anxieuse** ou **colérique** ?

▶ Les échelles d'évaluation des stresseurs et du stress

Deux échelles d'évaluation complètent bien les questions précédentes en quantifiant, sous forme de scores, les stresseurs et le stress.

L'échelle des stresseurs (page 32) permet une évaluation quantifiée de **l'importance des situations auxquelles un sujet a été ou est soumis.** Le total de chaque colonne correspond à la somme des croix de la colonne multipliée par la note. Le total général est la somme des totaux de chaque colonne. Une moyenne de 20,8 a été retrouvée pour une population de 51 personnes souffrant d'un problème de stress.

La moyenne est de 14 pour la population témoin, ne présentant ni trouble anxieux ni stress. Cette différence est significative ; autrement dit, elle sépare bien les deux types de population : les personnes stressées perçoivent davantage de stresseurs dans leur vie que les personnes qui ne le sont pas.

Le tableau suivant permet de mieux vous situer :

Entre 8 et 14	Mon niveau de stresseurs est très bas.
Entre 14 et 18	Mon niveau de stresseurs est bas.
Entre 18 et 28	Mon niveau de stresseurs est élevé.
Au-dessus de 28	Je suis soumis à un niveau très élevé de stresseurs.

L'échelle du stress (page 33) mesure **la réaction générale de l'individu face aux stresseurs**. Les totaux se font de la même manière que dans l'échelle précédente. Plus le nombre obtenu est

Échelle brève d'évaluation des stresseurs Nom, prénom, date						
	Pas du tout	Faible-ment	Un peu	Assez	Beaucoup	Extrême-ment
Note	1	2	3	4	5	6
1. Ai-je subi, tout au cours de ma vie, des situations traumatiques (décès, perte d'emploi, déception amoureuse, etc.) ?				X		
2. Suis-je en train de vivre une situation traumatique (décès, perte d'emploi, déception amoureuse, etc.) ?	X					
3. Est-ce que je subis une surcharge de travail fréquente ou permanente ? Et/ou suis-je souvent pris dans l'urgence et/ou existe-t-il une ambiance très compétitive dans mon emploi ?					X	
4. Mon travail ne me convient pas, il ne correspond pas à ce que je souhaiterais faire ou est source d'insactisfaction, me donne l'impression de perdre mon temps. Au maximum, il me déprime.	X					
5. Ai-je des soucis familiaux importants (couple, enfants, parents, etc.) ? Est-ce que ma famille est plus un poids qu'un réconfort ?		X				
6. Suis-je endetté, ai-je un revenu trop faible par rapport à mon mode de vie ? Est-ce que cela me cause du souci ?			X			
7. Ai-je beaucoup d'activités extraprofessionnelles, et sont-elles source de fatigue ou de tensions (associations, sports, etc.) ?	X					
8. Ai-je une maladie ? Coter sa gravité ou l'importance de la gêne occasionnée.		X				
☞ **Total par colonne** (nombre de cases cochées x note)	3	4	3	4	5	0
☞ **Total général**	19					

Échelle brève d'évaluation du stress

Nom, prénom, date

	Pas du tout	Faible-ment	Un peu	Assez	Beaucoup	Extrême-ment
Note	**1**	**2**	**3**	**4**	**5**	**6**
1. Suis-je émotif, sensible aux remarques, aux critiques d'autrui ?						X
2. Suis-je colérique ou rapidement irritable ?						X
3. Suis-je perfectionniste ? Ai-je tendance à ne pas être satisfait de ce que j'ai fait ou de ce que les autres ont fait ?						X
4. Ai-je le cœur qui bat vite, une transpiration élevée, des tremblements, des secousses musculaires, par exemple au niveau du visage, des paupières ?			X			
5. Est-ce que je me sens tendu au niveau des muscles, ai-je une sensation de crispation au niveau des mâchoires, du visage, du corps en général ?		X				
6. Ai-je des problèmes de sommeil ?		X				
7. Suis-je anxieux ? Est-ce que je me fais souvent du souci ?					X	
8. Ai-je des manifestations corporelles comme des troubles digestifs, des douleurs, des maux de tête, des allergies, de l'eczéma ?						
9. Est-ce que je suis fatigué ?				X		
10. Ai-je des problèmes de santé plus importants comme un ulcère à l'estomac, une maladie de peau, un taux élevé de cholestérol, de l'hypertension artérielle, un trouble cardio-vasculaire ?					X	
11. Est-ce que je fume ou bois de l'alcool pour me stimuler ou me calmer ? Est-ce que j'utilise d'autres produits ou des médicaments dans ce but ?					X	
☞ **Total par colonne** (nombre de cases cochées x note)	0	4	3	4	15	18
☞ **Total général**	44					

élevé, plus le stress est important. Une moyenne de 37,8 a été retrouvée pour une population de 51 personnes souffrant de stress.

La moyenne est de 25,5 pour la population témoin, sans stress ni trouble anxieux. Cette différence est également significative : les personnes souffrant d'un problème de stress ont un score en moyenne bien plus élevé que celles ne présentant pas de problème.

Le tableau suivant permet de mieux vous situer :

Entre 11 et 19	Mon niveau de stress est très bas.
Entre 19 et 30	Mon niveau de stress est bas.
Entre 30 et 45	Mon score est élevé.
Au-dessus de 45	Je suis soumis à un niveau très élevé de stress.

Quatre cas de figure se retrouvent après dépouillement des échelles.

1. Scores de stresseurs et de stress élevé.

Dans ce cas de figure, je me sens probablement très tendu, psychologiquement et physiquement.

Je suis presque toujours sur le qui-vive et souvent irritable.

– Avantages : je suis en état d'alerte permanent, prêt pour l'action. Généralement, je me défends rapidement et n'aime pas que les « choses » traînent. Souvent, j'ai plusieurs « chantiers » en cours et ai tendance à tout traiter de front.

– Inconvénients : à moyen terme, des problèmes de sommeil et de fatigue sont fréquents, accompagnés d'une difficulté pour faire face. L'utilisation de substances comme le tabac, l'alcool, le café ou les calmants n'est pas rare. La diminution des performances au long cours apparaît : trop de choses à la fois se fait souvent au détriment de la qualité. Il existe fréquemment des problèmes relationnels.

– Risques : les risques principaux sont l'état d'épuisement, les problèmes médicaux, dont les plus fréquents sont les maladies cardio-vasculaires. Plus le score de l'échelle du stress est élevé, plus les risques sont importants.

2. Score de stresseurs élevé et score de stress bas.

Ce cas de figure est bénéfique : il vaut mieux, en effet, rester calme dans l'adversité et la tempête… **sauf si vous sous-évaluez**

votre état de stress, ce qui est possible. Dans ce dernier cas, les problèmes sont les mêmes que dans la situation « scores de stresseurs et de stress élevés ».

Les avantages sont une amélioration de la performance et un état de santé préservé. Il s'agit souvent de l'objectif d'un programme de gestion du stress efficace, **à condition de ne pas trop augmenter la charge en stresseurs…** « Trop tirer sur la corde » finit par se payer un jour ou l'autre !

3. Scores de stresseurs et de stress bas.

Ce cas de figure est bénéfique… **sauf si des stresseurs trop importants apparaissent !**

Le « manque d'entraînement » pour affronter la nouvelle situation aboutit alors généralement à un état de crise émotionnelle avec un manque d'efficacité.

De plus, trop peu de stresseurs et trop peu de stress entraînent un « **syndrome de passivité** », caractérisé par un manque de motivation et d'intérêt pour beaucoup de choses.

Il s'agit d'un très bon état pour les vacances tranquilles…

4. Score de stresseurs bas et score de stress élevé.

Aucun avantage pour ce cas de figure !

Il est très important de traiter son stress afin d'adapter la réponse aux stimulations extérieures.

▶ La méthode des cercles vicieux

Les réponses aux questions précédentes et les scores des échelles d'évaluation donnent déjà une bonne idée de la « carte d'identité personnelle » du stress et des stresseurs, mais ne montrent pas les relations des différents éléments entre eux. La méthode suivante, dite des **cercles vicieux**, va mettre en évidence de manière précise la façon dont le problème s'aggrave.

Méthode des cercles vicieux

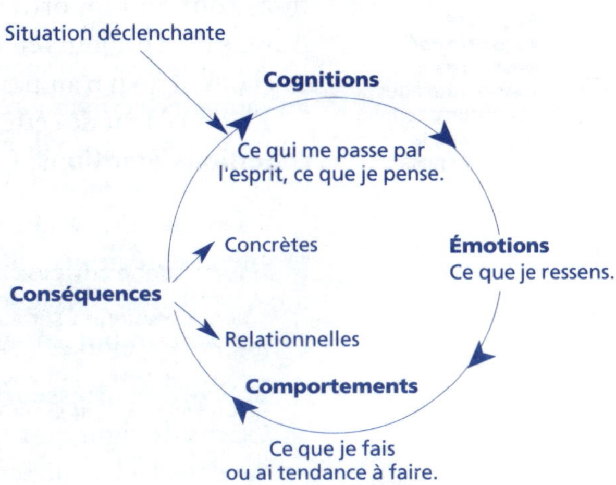

Pensées automatiques : ce sont les pensées qui nous passent par l'esprit et auxquelles nous ne faisons pas habituellement attention dans les situations courantes de la vie. Elles sont peu nombreuses et sont en relation étroite avec l'état émotionnel dans lequel nous sommes.

Cognitions : les cognitions sont l'ensemble de notre pensée. Elles recouvrent toutes les représentations que notre cerveau peut avoir.

Rapport cognitions/émotions : c'est ce que nous ressentons, comme la tristesse, la colère, le plaisir.

En pratique, par écrit, on commence par déterminer une situation qui déclenche en nous une réaction de tension, de colère, d'angoisse, de découragement ou d'autres émotions désagréables.

L'étape suivante est l'observation des **pensées automatiques**, c'est-à-dire de « ce que je me dis à moi-même, mon discours intérieur » quand je suis exposé à la situation déclenchante. Ces pensées automatiques sont ce que l'on appelle en langage scientifique les **cognitions**. Elles se répètent en général de la même manière : il existe des pensées habituelles, toujours présentes, un peu comme le paysage en voiture qu'on ne remarque plus !

On peut ranger les pensées automatiques en **trois catégories** : celles relatives à **soi-même,** celles relatives aux **autres** et à l'**environnement,** celles relatives à l'**avenir.** Leur identification permet de faire le point sur ce qu'il est souhaitable de conserver et ce qu'il est préférable de changer. Avec un peu d'entraînement, il est rapidement possible d'avoir une idée assez précise de sa manière de penser face aux stresseurs.

Un exemple permettra de mieux comprendre. Mettons que j'attende un ami avec lequel j'ai rendez-vous et qui est en retard d'une demi-heure. Les pensées automatiques correspondent alors à ce qui me passe par l'esprit comme : « Il est toujours en retard ! », « Il s'en fiche, il n'a rien à faire de la journée » ; ou bien, si je suis quelqu'un de plus inquiet : « Pourvu qu'il n'ait pas eu un accident ! » Ces cognitions sont en rapport étroit avec l'état émotionnel sous-jacent. Ainsi, « Il est toujours en retard ! » se rapporte plutôt à de l'irritation, et « Pourvu qu'il n'ait pas eu d'accident ! » à de l'inquiétude.

En procédant de cette manière, nous mettons au jour le **rapport cognitions/émotions**. Chaque pensée est le pendant d'une émo-

INFORMATIONS

Une personne anxieuse :

– pensera souvent sur elle-même : « Pourvu que j'y arrive, que je sois assez compétent. » ;
– verra les autres et l'environnement comme plutôt menaçants ;
– percevra l'avenir comme imprévisible.

tion, la modification de la pensée influe sur l'émotivité et *vice versa.* D'autre part, nous constatons avec intérêt que les pensées et les émotions qui nous habitent sont la plupart du temps peu nombreuses et répétitives.

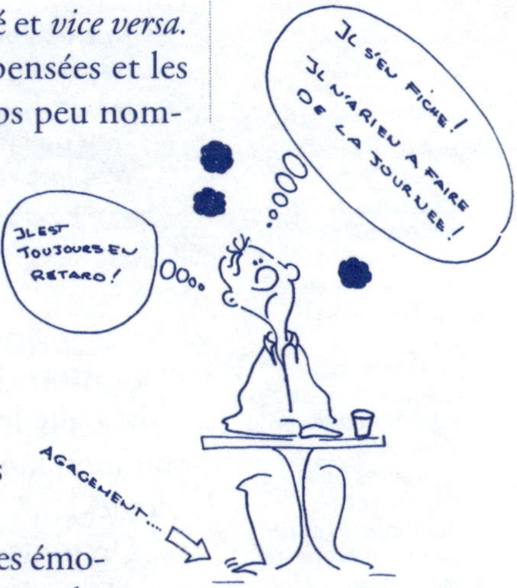

En conséquence, **un travail de modification portant sur un nombre restreint de pensées et d'émotions entraîne un grand changement dans le style de vie**.

Les méthodes employées pour cela sont détaillées dans le chapitre suivant.

La mise en évidence des pensées automatiques et des émotions correspondantes sera complétée par l'observation du ou des comportements, puis des conséquences concrètes et relationnelles qui en découlent. Dans l'exemple précédent, je reste à attendre en ruminant de plus en plus sur le retard de mon ami, ce qui me fait trouver le temps de plus en plus long. En conséquence, je risque de lui en vouloir assez pour lui faire une remarque agressive, ou bien ne pas la faire, mais ne pas en penser moins ! La boucle est bouclée.

Si, par rapport à cette situation, j'ai, dans un premier temps, l'aptitude à me calmer, puis à réfléchir sereinement à la situation, je pourrai prendre la décision d'attendre et de faire quelque chose d'agréable dans ce temps disponible.

Si ce type de cercle vicieux est fréquent dans ma vie quotidienne, il est probable que je « m'entraîne » souvent à la contrariété

C'EST FAUX !

« M'observer en permanence me fait perdre beaucoup de temps. Il vaut mieux que je l'utilise à travailler ! »

En cas de stress, nous sommes toujours très pressés et nous ne nous rendons pas compte que l'irritabilité, l'anxiété et la précipitation font perdre de l'efficacité et du temps…
Une bonne analyse fonctionnelle donne une conduite à tenir et fait gagner beaucoup de temps et d'efficacité !

INFORMATION

Nous percevons plus facilement les choses que nous nous attendons à percevoir, particulièrement celles que nous craignons !
Nos impressions sont donc souvent fausses. Il vaut mieux, dans la gestion du stress, prendre l'habitude d'**observer les faits plutôt que nos impressions et interprétations sur les faits**.

et au stress ! Je paye donc une addition très lourde, en sus des difficultés que je rencontre, qui sont inéluctables. En effet, quel que soit mon mode de vie, il paraît impossible d'avoir une vie sans problèmes !

Un proverbe populaire dans ma région dit :

« Dans la vie, il vaut mieux aimer les problèmes et les gens, puisqu'on ne peut pas y échapper ! »

L'analyse fonctionnelle consiste tout d'abord à observer les faits, puis à les ordonner de manière à obtenir une explication du problème à l'origine du stress et surtout une explication concernant la façon dont **il se maintient** au jour le jour. La première règle est donc d'**observer concrètement,** plutôt que d'**interpréter.**

À partir de plusieurs situations déclenchantes, résumées chacune sous la forme d'un cercle vicieux, il devient possible, assez rapidement, de mettre au point une analyse fonctionnelle récapitulative des problèmes principaux. Il suffit ensuite de déterminer à quel niveau intervenir pour obtenir un bon résultat sur :

- l'émotivité elle-même ;
- les cognitions ;
- les comportements ;
- le contexte ;
- chacun de ces différents niveaux simultanément ou l'un après l'autre.

Une image vaut mieux que mille mots, et un exemple est bien souvent meilleur qu'une longue explication, aussi vais-je présenter l'analyse fonctionnelle complète de Jean-Marc.

Exemple :

Voilà comment **Jean-Marc** s'est posé les questions utiles.

1. Comment s'organise ma vie ? Quels sont les stresseurs principaux que j'ai du mal à supporter ou qui me demandent beaucoup d'efforts ?	Je travaille beaucoup et suis tenu à une obligation de résultat. J'ai le regard fixé sur les chiffres de vente. La concurrence est dure et je supporte très mal les réactions des collègues qui, soit envient les réussites, soit me descendent en flamme à la moindre erreur. Problèmes d'argent liés à un emprunt important pour acheter une maison.
2. Quelles sont mes réactions émotionnelles principales ?	Raz-le-bol, irritabilité, colère, anxiété, découragement et impression d'être sous pression.
3. Quelles sont les manifestations fonctionnelles principales ?	Perte de sommeil, tensions musculaires, douleurs de dos, brûlures au niveau de l'estomac, palpitations, transpiration, serrement dans la poitrine et impression d'étouffement.
4. Existe-il des problèmes organiques ?	Douleurs de dos, gastrite.
5. Au niveau de mes comportements, ai-je des habitudes toxiques ?	Je fume, bois du café trop souvent, au moins 6 tasses par jour. Tendance à trop manger et à prendre du poids.
6. Quelles sont les conséquences concrètes sur mon comportement ? Est-ce que j'obtiens ce que je désire ?	J'ai d'assez bons résultats de ventes, mais l'avenir reste incertain. Par contre, mon travail retentit beaucoup sur ma vie de famille. Je ne vois pas assez mes enfants, et mon épouse me reproche souvent mes absences. Dès le dimanche après-midi, je pense au lundi et j'ai du mal à participer à la vie familiale.
7. Est-ce que je suis soutenu par ma famille, mes amis, mes relations de travail, ou, au contraire, ai-je à supporter des problèmes supplémentaires à ce niveau ?	Mon épouse commence à se lasser et il y a parfois des disputes ou des bouderies. Rentrer chez moi n'est pas reposant, j'ai beaucoup de reproches. Pas d'amis de travail réels. Au contraire, il faut que je me méfie. Finalement, les personnes avec qui ça se passe le mieux sont les clients.
8. Quels ont été les principaux traumatismes dans ma vie ?	Décès de mon père il y a quatre ans. Licenciement il y a deux ans.
9. Suis-je émotif, colérique ou anxieux de nature ?	Je ne suis pas un calme, mais, jusqu'à présent, ça ne m'avait jamais gêné.

▷ *Les échelles*

Les échelles d'évaluation des stresseurs et du stress remplies par Jean-Marc donnent les résultats suivants :

Échelle brève d'évaluation des stresseurs

Nom : M. Prénom : Jean-Marc
Date : xxx

	Pas du tout	Faible-ment	Un peu	Assez	Beaucoup	Extrême-ment
Note	**1**	**2**	**3**	**4**	**5**	**6**
1. Ai-je subi, tout au cours de ma vie, des situations traumatiques (décès, perte d'emploi, déception amoureuse, etc.) ?				X		
2. Suis-je en train de vivre une situation traumatique (décès, perte d'emploi, déception amoureuse, etc.) ?	X					
3. Est-ce que je subis une surcharge de travail fréquente ou permanente ? Et/ou suis-je souvent pris dans l'urgence et/ou existe-t-il une ambiance très compétitive dans mon emploi ?					X	
4. Mon travail ne me convient pas, il ne correspond pas à ce que je souhaiterais faire ou est source d'insactisfaction, me donne l'impression de perdre mon temps. Au maximum, il me déprime.		X				
5. Ai-je des soucis familiaux importants (couple, enfants, parents, etc.) ? Est-ce que ma famille est plus un poids qu'un réconfort ?			X			
6. Suis-je endetté, ai-je un revenu trop faible par rapport à mon mode de vie ? Est-ce que cela me cause du souci ?				X		
7. Ai-je beaucoup d'activités extraprofessionnelles, et sont-elles source de fatigue ou de tensions (associations, sports, etc.) ?	X					
8. Ai-je une maladie ? Coter sa gravité ou l'importance de la gêne occasionnée.			X			
☞ **Total par colonne**	**2**	**2**	**6**	**8**	**5**	
☞ **Total général**				**23**		

Échelle brève d'évaluation du stress

Nom : M. Prénom : Jean-Marc
Date : xxx

	Pas du tout	Faible-ment	Un peu	Assez	Beaucoup	Extrême-ment
Note	**1**	**2**	**3**	**4**	**5**	**6**
1. Suis-je émotif, sensible aux remarques, aux critiques d'autrui ?				X		
2. Suis-je colérique ou rapidement irritable ?				X		
3. Suis-je perfectionniste ? Ai-je tendance à ne pas être satisfait de ce que j'ai fait ou de ce que les autres ont fait ?			X			
4. Ai-je le cœur qui bat vite, une transpiration élevée, des tremblements, des secousses musculaires, par exemple au niveau du visage, des paupières ?				X		
5. Est-ce que je me sens tendu au niveau des muscles, ai-je une sensation de crispation au niveau des mâchoires, du visage, du corps en général ?				X		
6. Ai-je des problèmes de sommeil ?					X	
7. Suis-je anxieux ? Est-ce que je me fais souvent du souci ?				X		
8. Ai-je des manifestations corporelles comme des troubles digestifs, des douleurs, des maux de tête, des allergies, de l'eczéma ?					X	
9. Est-ce que je suis fatigué ?					X	
10. Ai-je des problèmes de santé plus importants comme un ulcère à l'estomac, une maladie de peau, un taux élevé de cholestérol, de l'hypertension artérielle, un trouble cardio-vasculaire ?				X		
11. Est-ce que je fume ou bois de l'alcool pour me stimuler ou me calmer ? Est-ce que j'utilise d'autres produits ou des médicaments dans ce but ?				X		
☞ **Total par colonne**			3	28	15	
☞ **Total général**	46					

Les scores des deux échelles (23 pour les stresseurs et 46 pour le stress) montrent que Jean-Marc se situe dans le cas de figure **stresseur moyennement important** et **stress élevé.** La réaction émotive et comportementale est donc disproportionnée par rapport aux situations vécues.

▷ *Les cercles vicieux*

Dans un premier temps, Jean-Marc a analysé cinq situations selon la méthode des cercles vicieux.

La première situation est professionnelle. Elle met bien en évidence de quelle manière le stress se construit dans l'interaction entre pensées, émotions et comportements. Chaque fois que des problèmes de chiffre d'affaires se posent, ce qui est assez fréquent dans une profession commerciale, Jean-Marc « s'entraîne » davantage au stress !

Première situation

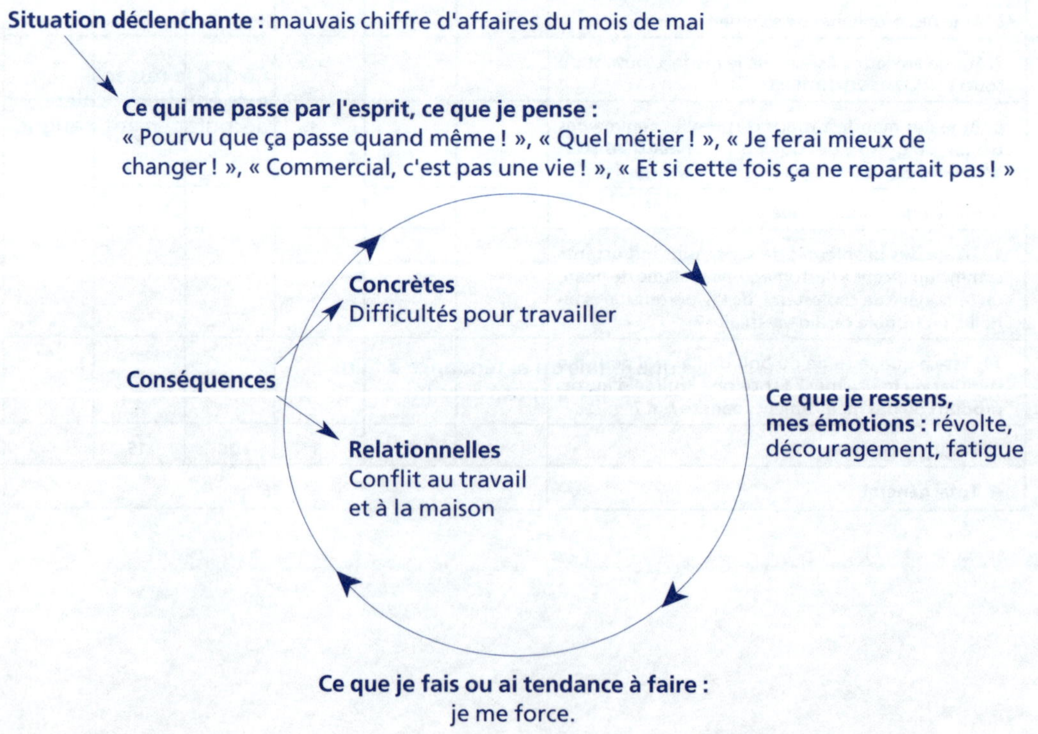

La deuxième situation est également professionnelle. Il s'agit d'un conflit de travail. Les pensées automatiques correspondent à une mise en tension, accompagnée de lassitude. Le fait de se défendre de manière agressive, même si cela est parfois efficace, se paye par une addition supplémentaire de stress.

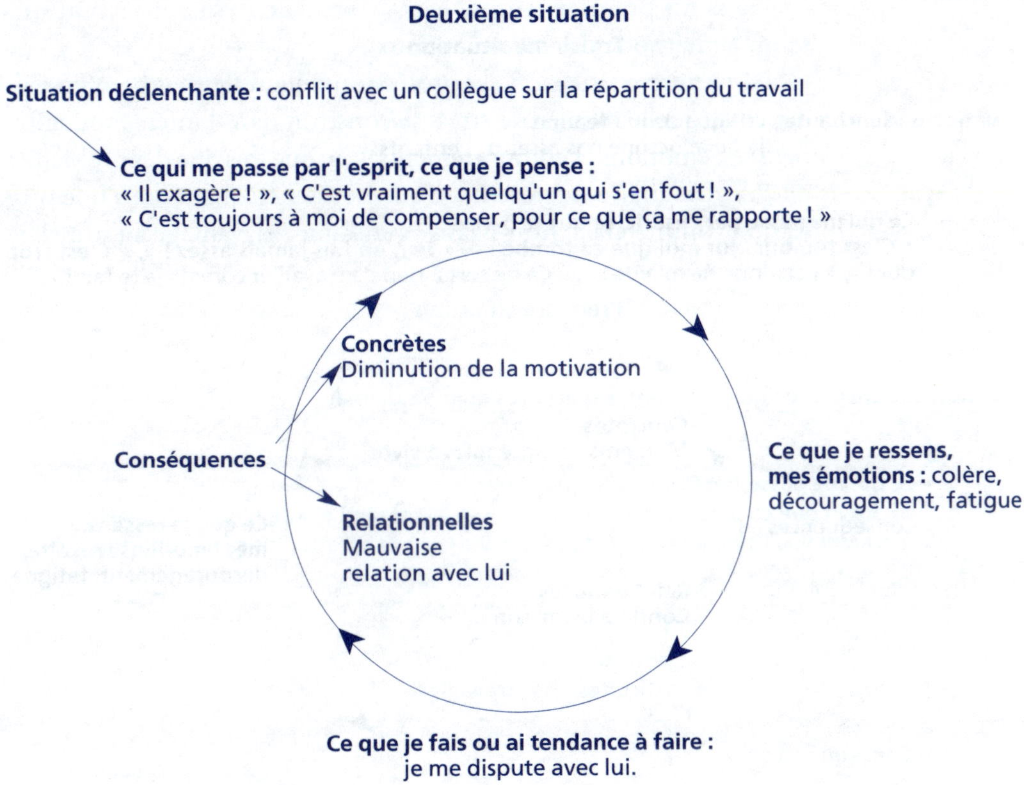

La troisième situation est familiale. Le conflit et les malentendus avec l'épouse aggravent le stress chez le patient, lequel, en retour, empire la situation familiale. Les moments qui devraient être agréables et détendus deviennent pénibles et désagréables pour Jean-Marc, son épouse et ses enfants. Le fait de se sentir moins soutenu en famille se répercute également sur son travail.

Troisième situation

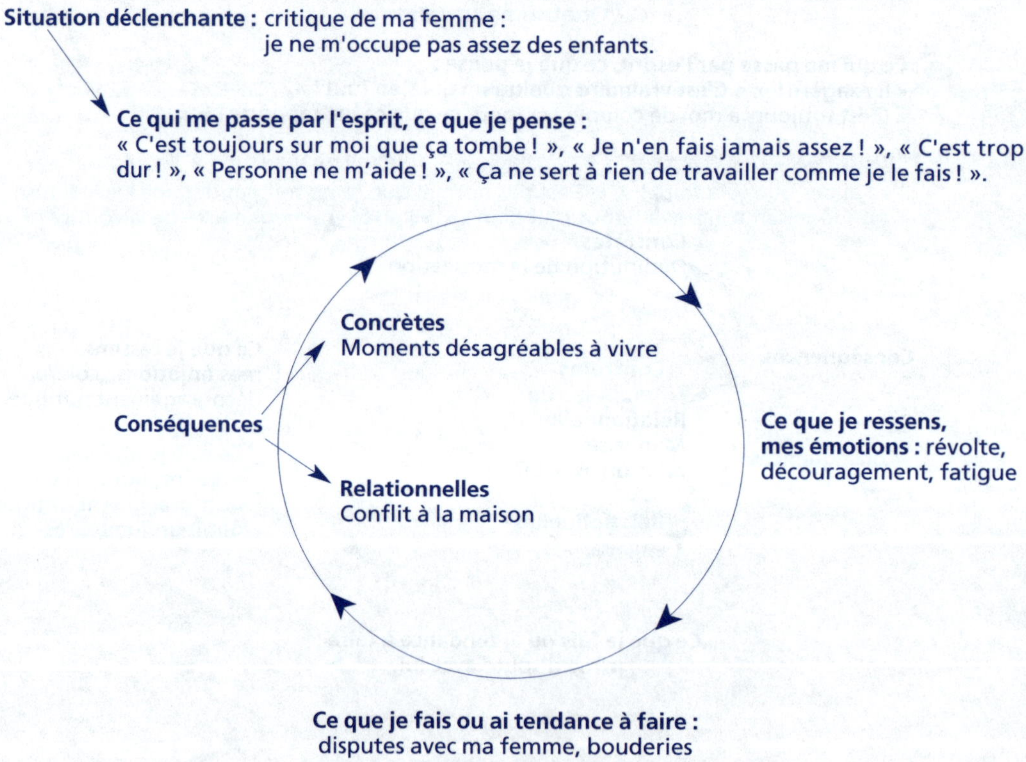

La quatrième situation correspond aux trajets en voiture. De manière générale, Jean-Marc se plaint beaucoup de l'importance de ses déplacements, d'autant plus qu'il souffre régulièrement du dos. L'idée même de se retrouver dans sa voiture l'irrite, et la conduite, loin de le calmer, aggrave le problème. Plus il s'énerve, plus il a mal ; plus les trajets lui paraissent longs, plus il s'énerve ! Il lui est arrivé plusieurs fois d'avoir des disputes avec d'autres automobilistes.

Quatrième situation

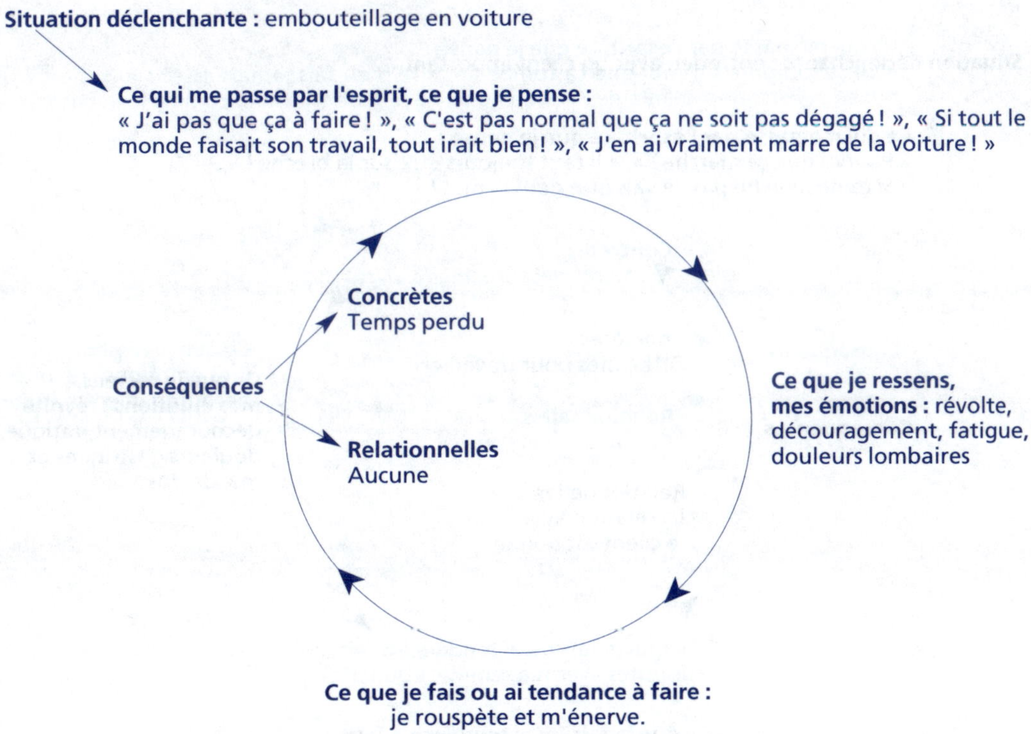

La cinquième situation est professionnelle. Il s'agit d'un entretien commercial. Jean-Marc doit vendre, c'est son métier, et la concurrence est rude.

De manière générale, il arrive à de bons résultats, mais n'anticipe, dans cet exemple, que le risque d'échec. L'angoisse, accompagnée de douleurs au niveau de l'estomac et du dos, devient importante. Pour lutter contre cela, il utilise sa volonté, ce qui aggrave certainement les tensions et rend son métier plus difficile. Aux problèmes techniques de la vente s'ajoutent ceux du stress et du découragement à surmonter chaque jour.

Cinquième situation

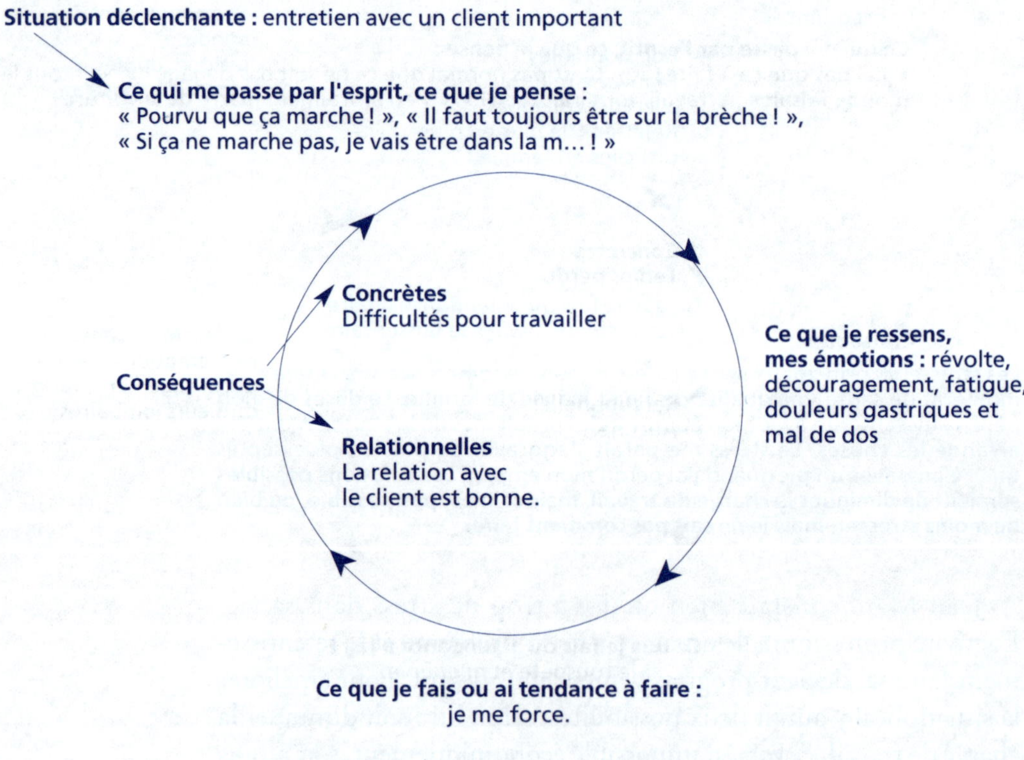

À partir des cinq situations explorées, nous avons une meilleure idée concernant les stresseurs principaux et le mode de réaction en général. Une analyse fonctionnelle récapitulative fait la synthèse.

Analyse fonctionnelle récapitulative de Jean-Marc
(avant le programme de gestion du stress)

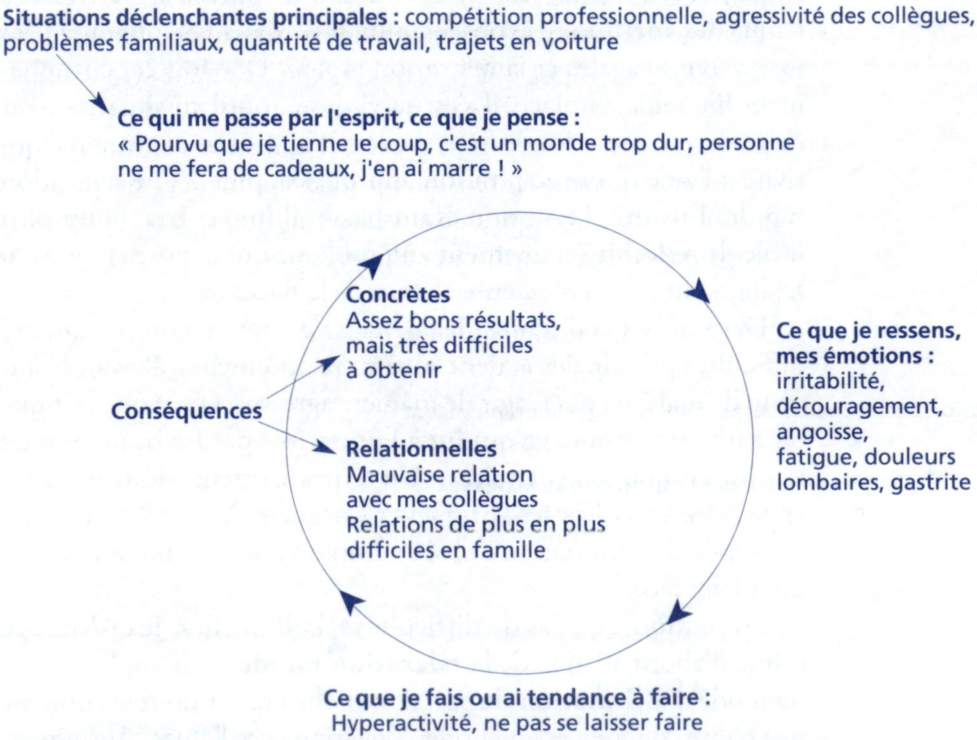

Les stresseurs principaux sont professionnels et commencent à retentir sur mon état de santé, ma qualité de vie et ma vie de famille. Le décès de mon père, la mésentente avec mon épouse et les problèmes de la maison n'ont pas arrangé les choses. Le stress me paraît s'aggraver de plus en plus depuis quatre ans, avec un pic quand j'ai perdu mon emploi. **Les solutions possibles seraient de diminuer la charge de travail, mais ce n'est pas possible, ou bien de moins stresser, mais je ne sais pas comment faire.**

Jean-Marc constate bien qu'il y a trop de stress dans sa vie. L'activité professionnelle est au centre du problème et le retentissement familial devient progressivement plus pesant. Pour améliorer la situation, il y aurait deux possibilités, selon lui : soit diminuer la charge de travail, ce qui est impossible économiquement, soit moins « stresser » dans la même situation, ce qu'il ne sait pas encore faire.

Un programme de gestion du stress lui a permis, en six mois environ, de régler en grande partie le problème.

Étant donné l'importance de la réactivité émotionnelle et physique, c'est-à-dire de l'irritabilité, de l'angoisse, des douleurs gastriques et lombaires, Jean-Marc a d'abord appris à se détendre, à l'aide des méthodes exposées plus loin dans cet ouvrage : les manœuvres vagales et la relaxation rapide. Une fois cet entraînement bien mis en place, il s'est servi de cet outil en situation. Par exemple, en cas de contrariété, il ralentit immédiatement son émotivité à l'aide d'une respiration appropriée, puis d'une relaxation rapide. Ensuite, l'émotion étant basse, il lui est beaucoup plus facile de réfléchir sereinement au problème qui se pose et, ainsi, il se donne une bien meilleure chance de le résoudre.

Dans un second temps, Jean-Marc s'est rendu compte que ses difficultés principales étaient surtout relationnelles. Il avait beaucoup de mal à ne pas réagir de manière agressive face à une critique ou à une remarque, ce qui lui a fait parfois perdre beaucoup de temps et quelques affaires. Un entraînement destiné à lui apprendre à recevoir les critiques et à négocier les conflits selon les principes de l'affirmation de soi a complété alors sa « boîte à outils » pour faire face.

En pratique, en cas de difficultés relationnelles, Jean-Marc se calme d'abord à l'aide de la **relaxation rapide**, puis applique une méthode d'**affirmation de soi**, dont l'objectif est double : obtenir une chose concrète et améliorer la relation avec l'autre. Autrement dit, ne pas se laisser faire tout en ménageant un bon rapport avec la personne concernée.

Ce programme de gestion du stress a bien amélioré le problème. Jean-Marc juge sa qualité de vie plutôt bonne. Il a du plaisir à aller travailler et fait très attention à maintenir une ambiance familiale agréable. Il est même surpris d'être arrivé assez rapidement à contrôler sa réactivité émotionnelle, car il pensait que cela faisait partie de son caractère « soupe au lait ». « Avec peu de moyens et un peu de bon sens, presque tous les conflits ont disparu, ce n'était vraiment pas la peine d'en faire tout un plat ! », me confiait-il quelques mois après la fin de son programme d'entraînement. Le cercle vicieux est devenu un cercle constructif !

Analyse fonctionnelle récapitulative de Jean-Marc (après le programme de gestion du stress)

Situations déclenchantes principales : compétition professionnelle, agressivité des collègues, problèmes familiaux, quantité de travail, trajets en voiture

Ce qui me passe par l'esprit, ce que je pense :
« Plus je me calme, plus j'aurai de bons résultats. », « Je n'ai vraiment rien à craindre, le pire étant de perdre mon contrôle ; si je l'ai, de toutes manières, ça ne peut qu'aller mieux, ce que j'ai déjà constaté plusieurs fois. »

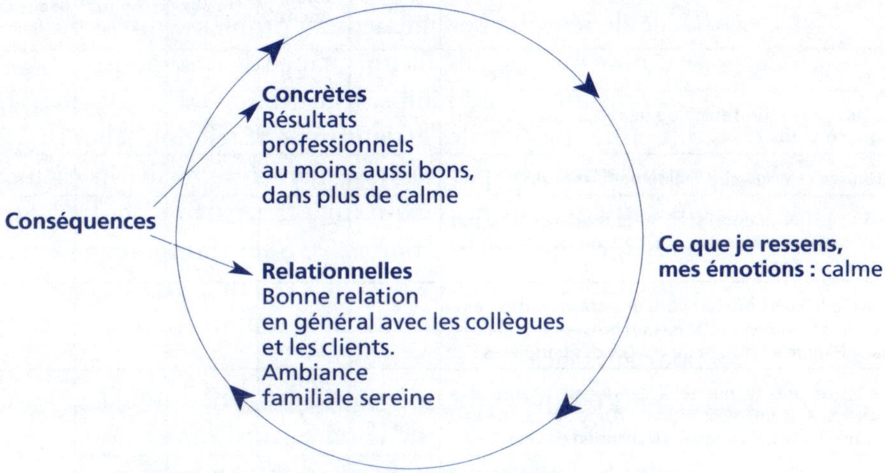

Ce que je fais ou ai tendance à faire : je réfléchis calmement à mon problème, ou bien je fais de l'affirmation de soi.

Le fait de savoir me calmer puis m'affirmer me permet de mieux régler les problèmes qui se présentent. Je pars plus motivé le matin et peux affronter finalement les situations que j'avais tendance à éviter.

L'évolution du score de l'échelle du stress confirme la progression. De 46, il passe à 25.

Échelle brève d'évaluation du stress

Nom : M. Prénom : Jean-Marc
Date : xxx

	Pas du tout	Faiblement	Un peu	Assez	Beaucoup	Extrêmement
Note	**1**	**2**	**3**	**4**	**5**	**6**
1. Suis-je émotif, sensible aux remarques, aux critiques d'autrui ?			X			
2. Suis-je colérique ou rapidement irritable ?		X				
3. Suis-je perfectionniste ? Ai-je tendance à ne pas être satisfait de ce que j'ai fait ou de ce que les autres ont fait ?			X			
4. Ai-je le cœur qui bat vite, une transpiration élevée, des tremblements, des secousses musculaires, par exemple au niveau du visage, des paupières ?		X				
5. Est-ce que je me sens tendu au niveau des muscles, ai-je une sensation de crispation au niveau des mâchoires, du visage, du corps en général ?		X				
6. Ai-je des problèmes de sommeil ?	X					
7. Suis-je anxieux ? Est-ce que je me fais souvent du souci ?		X				
8. Ai-je des manifestations corporelles comme des troubles digestifs, des douleurs, des maux de tête, des allergies, de l'eczéma ?			X			
9. Est-ce que je suis fatigué ?		X				
10. Ai-je des problèmes de santé plus importants comme un ulcère à l'estomac, une maladie de peau, un taux élevé de cholestérol, de l'hypertension artérielle, un trouble cardio-vasculaire ?		X				
11. Est-ce que je fume ou bois de l'alcool pour me stimuler ou me calmer ? Est-ce que j'utilise d'autres produits ou des médicaments dans ce but ?			X			
☞ **Total par colonne**	**1**	**12**	**12**			
☞ **Total général**	**25**					

L'échelle des stresseurs montre un score semblable à celui d'origine : 22 au lieu de 23.

Échelle brève d'évaluation des stresseurs

Nom : M. Prénom : Jean-Marc
Date : xxx

	Pas du tout	Faible-ment	Un peu	Assez	Beaucoup	Extrême-ment
Note	**1**	**2**	**3**	**4**	**5**	**6**
1. Ai-je subi, tout au cours de ma vie, des situations traumatiques (décès, perte d'emploi, déception amoureuse, etc.) ?				X		
2. Suis-je en train de vivre une situation traumatique (décès, perte d'emploi, déception amoureuse, etc.) ?	X					
3. Est-ce que je subis une surcharge de travail fréquente ou permanente ? Et/ou suis-je souvent pris dans l'urgence et/ou existe-t-il une ambiance très compétitive dans mon emploi ?			X			
4. Mon travail ne me convient pas, il ne correspond pas à ce que je souhaiterais faire ou est source d'insactisfaction, me donne l'impression de perdre mon temps. Au maximum, il me déprime.		X				
5. Ai-je des soucis familiaux importants (couple, enfants, parents, etc.) ? Est-ce que ma famille est plus un poids qu'un réconfort ?			X			
6. Suis-je endetté, ai-je un revenu trop faible par rapport à mon mode de vie ? Est-ce que cela me cause du souci ?				X		
7. Ai-je beaucoup d'activités extraprofessionnelles, et sont-elles source de fatigue ou de tensions (associations, sports, etc.) ?			X			
8. Ai-je une maladie ? Coter sa gravité ou l'importance de la gêne occasionnée.		X				
☞ **Total par colonne**	**1**	**4**	**9**	**8**		
☞ **Total général**	**22**					

La situation de Jean-Marc a donc considérablement changé. Du cas de figure « réaction de stress importante » (46) dans une situation moyennement stressante (23), il passe à celui de « réaction de stress faible » (25) dans une situation moyennement stressante (22).

L'analyse fonctionnelle une fois terminée, il devient beaucoup plus facile de comprendre par quel « bout » prendre le problème de stress : les émotions, les pensées automatiques, les comportements, le contexte dans lequel nous vivons.

Le choix des méthodes, présentées de manière détaillée dans le prochain chapitre, en découle, ainsi que l'ordre dans lequel les mettre en œuvre.

Savoir quoi traiter et comment le faire sont une bien meilleure manière de procéder que l'application des techniques par essais et par erreurs…, qui risque d'aboutir à du découragement et peut-être à un stress supplémentaire ! Le gain en temps et en énergie est considérable.

EXERCICE

Faire l'analyse fonctionnelle de son problème

1. Répondre à la liste des questions utiles.

2. Remplir les questionnaires d'évaluation des stresseurs et du stress.

3. Quelles informations de la liste des questions et des questionnaires vous paraissent les plus importantes ?

4. À partir de quelques situations types, utiliser la méthode des cercles vicieux afin de mettre en évidence le fonctionnement du problème. Faire une analyse fonctionnelle récapitulative également sous forme de cercle vicieux.

5. Quelles sont les modifications souhaitables, à votre avis, au niveau des émotions, des pensées automatiques, des comportements, du contexte dans lequel vous êtes ?

6. Autrement dit, comment souhaiteriez-vous pouvoir réagir ?
Quels sont les niveaux d'intervention possibles ? Ranger ces niveaux par ordre d'importance, puis par ordre de difficultés pour le contrôle.

7. Est-ce au niveau des émotions, des comportements ou des pensées automatiques que se situe, à votre avis, le problème principal ?

8. Sur quels autres niveaux est-il intéressant d'agir ?

RÉSUMÉ

L'analyse fonctionnelle

L'analyse fonctionnelle est une étape importante pour la mise en œuvre d'un programme efficace de gestion du stress. Elle permet de **mieux organiser l'utilisation des différentes méthodes.**

Dans un premier temps, il s'agit de recueillir les données en répondant à une série de questions.

Dans un second temps, il est intéressant d'évaluer, à l'aide d'**échelles spécifiques**, l'importance des **stresseurs** et de la réaction de **stress**.

Enfin, l'organisation des informations selon la **méthode des cercles vicieux** permet de :

1. comprendre comment fonctionne le problème ;
2. définir les objectifs ;
3. préciser à quel niveau du cercle il est souhaitable d'intervenir, et enfin par quelles méthodes.

Établir ce plan général d'actions permet le « meilleur rapport qualité/prix », cela fait gagner du temps et de l'énergie. De plus, le simple fait de comprendre amène habituellement une amélioration : **observer, c'est déjà un peu contrôler.**

partie 2

Comment agir sur le stress ? Les émotions et les pensées

chapitre

3

Modifier ses habitudes émotionnelles

Le stress est une habitude. Donc, améliorer le problème nécessite un changement d'habitudes, autrement dit l'apprentissage de conduites émotionnelles, cognitives et comportementales différentes de celles maintenant le problème en cercle vicieux.

Pour cela, de nombreuses méthodes ont été mises au point ces dernières années, centrées sur les émotions, les pensées automatiques et les comportements. Elles sont toutes efficaces, mais leur indication se fait, comme nous l'avons dit, à partir de l'analyse fonctionnelle, car seulement certaines d'entre elles seront utilisées dans chaque cas.

Un programme de gestion du stress doit être « taillé sur mesure » pour être le plus efficace possible.

Quelques points sont cependant communs à chacune de ces techniques :

• il s'agit à chaque fois de l'apprentissage nouveau d'une conduite incompatible avec le stress; par exemple, si j'apprends à me relaxer, je ne peux pas en même temps être tendu;

• comme il est pratiquement impossible de « désapprendre », la seule façon de faire est d'apprendre un comportement nouveau et

C'EST FAUX !

« Être nerveux fait partie de ma personnalité, j'ai toujours été comme ça, je ne changerai donc pas ! »

Il est toujours possible d'apprendre le calme, il s'agit d'un entraînement !

plus adapté. Par exemple, je n'apprends pas à diminuer mon irritabilité, mais à me calmer ;

• un apprentissage, pour perdurer, doit être répété souvent, dix petits exercices fréquents sont plus rentables qu'un grand rarement pratiqué ;

• l'apprentissage doit durer assez longtemps, **au moins six mois**, pour devenir une **procédure**, c'est-à-dire une conduite qui ne peut plus être perdue. Un des meilleurs exemples est la bicyclette : une fois que l'on sait en faire, c'est définitif ; même plusieurs années après avoir arrêté, il est facile de s'y remettre.

Procédure : apprentissage codé dans la mémoire procédurale correspondant aux savoir-faire, comme la conduite automobile, la marche, etc. Ces apprentissages, une fois mis en place, ne se perdent plus.

Les méthodes de gestion du stress que je vais maintenant présenter ne sont pas des moyens magiques de traiter le problème, et toutes ne sont pas utilisables dans tous les contextes. Il est important de faire un choix, à partir, bien sûr, comme cela a été présenté, de l'analyse fonctionnelle, mais aussi en fonction des goûts de chacun et des associations de techniques rentables. Par exemple, se relaxer peut être couplé à la résolution de problèmes de manière complémentaire : savoir se relaxer rend plus facile l'application de la méthode de résolution de problèmes, laquelle, à son tour, favorise la relaxation.

D'autre part, il est superflu de s'entraîner à des techniques inutiles ! Si une personne travaille toujours seule, il est probablement peu rentable d'apprendre les méthodes de résolution de conflit.

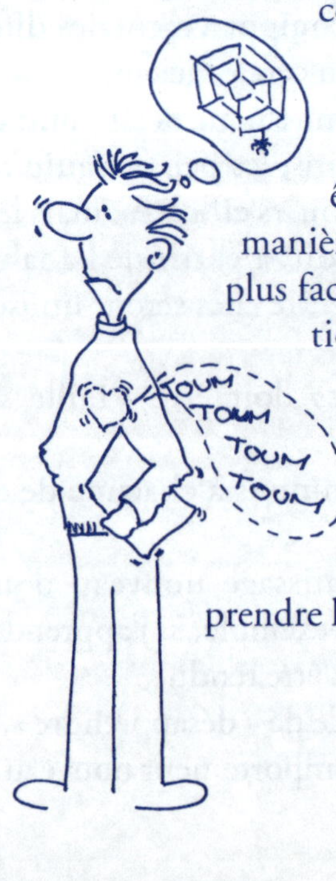

LES HABITUDES ÉMOTIONNELLES

Les habitudes émotionnelles sont au premier plan des problèmes de stress. Elles sont, d'une part, le film exact de la mise en route des mécanismes physiologiques du stress, et, d'autre part, la principale source des complications pathologiques fonctionnelles et organiques.

Même si toutes les émotions sont concernées, les personnes stressées présentent le plus souvent de l'angoisse, de la colère ou les deux.

▶ L'angoisse

Trois états peuvent être décrits : la panique, l'anxiété généralisée et l'anxiété adaptée.

▷ *La panique*

L'intensité est alors à son maximum.

Il s'agit d'un plan d'alarme préparant le corps à un effort bref et intense : la fuite ou le combat. C'est un phénomène biologique retrouvé dans presque tout le règne animal et dans lequel les processus de pensée ont un rôle réduit : il n'est pratiquement pas possible de se raisonner durant une attaque de panique. Les pensées principales rencontrées à ce stade sont : la peur de mourir, de devenir fou ou d'agir de façon incontrôlable. L'attaque de panique correspond au stress aigu éprouvé dans les traumatismes importants, comme un accident de la route ou une agression. Le niveau de déclenchement dépend cependant de la sensibilité du sujet et, de ce point de vue, tout est possible : certaines personnes ne paniquent jamais, même dans des circonstances particulièrement graves, d'autres paniquent rapidement, avec comme déclencheur des situations banales, ou même sans déclencheur. Tous les intermédiaires sont bien sûr concevables.

▷ *L'anxiété généralisée*

Elle correspond au second stade d'angoisse. Dans cet état, le sujet reste tendu. Il présente souvent quelques troubles fonctionnels, comme une oppression respiratoire, des troubles digestifs. Il s'agit d'un état d'alerte. Les processus de pensée sont centrés sur l'attente d'un danger

Les différents états d'angoisse

État de panique	Anxiété généralisée	Anxiété adaptée
La panique est un état d'alarme et d'urgence, dont le but est de préparer le corps à un effort bref et intense, la fuite ou le combat. Un état de panique correspond à une accélération considérable des processus physiologiques et il est impossible dans cet état de se raisonner.	L'anxiété généralisée est un état d'alerte. Le but est de maintenir le corps prêt pour l'état d'urgence. Les processus de pensée sont centrés sur la crainte : dans cet état, on perçoit surtout ce que l'on craint. Se raisonner reste très difficile. Par exemple, des parents soucieux pour leur enfant qui n'est pas rentré après la permission de minuit vont avoir de plus en plus de mal à se raisonner au fur et à mesure que le temps avance.	La réaction anxieuse est adaptée au contexte. De façon générale, la vie ne comporte pas de dangers, donc l'anxiété devrait être basse. Dans ce cas, le raisonnement fonctionne bien, et une personne perçoit bien les dangers éventuels, et également comment se protéger. Elle est capable de relativisation.

Remarques

La réaction anxieuse adaptée au contexte permet la pensée utile pour la sauvegarde : en situation réelle de danger, il peut être utile de paniquer ; en situation d'alerte, il est très important que la pensée soit centrée sur le risque et, en situation sécurisante, de pouvoir réfléchir sereinement.

potentiel et les personnes perçoivent en priorité ce qu'elles craignent. Une tendance au pessimisme n'est alors pas rare. Si l'état persiste, il s'ensuit une phase d'épuisement et des conséquences organiques peuvent survenir.

▷ *L'anxiété adaptée*

Dans ce dernier cas, le sujet produit l'anxiété utile pour l'action et le confort. Il s'agit bien sûr de l'état souhaitable.

▶ La colère

De même, pour la colère, le raisonnement fonctionne mal.

▷ *L'état de fureur*

Si une personne est furieuse, tout est perçu comme une agression et entraîne un comportement d'attaque.

▷ *L'irritabilité*

Quand une personne est irritable, elle va avoir tendance à se défendre, parfois avant même d'être attaquée. Toute l'attention est alors focalisée sur ce qui ne va pas assez bien ou assez vite. Les

Les différents états d'irritabilité

État de fureur	Irritabilité	Irritabilité adaptée
La fureur est un état d'alarme et d'urgence, dont le but est de préparer le corps à un effort bref et intense : le combat. Un état de fureur correspond à une accélération considérable des processus physiologiques et il est impossible, dans cet état, de se raisonner.	L'irritabilité est un état d'alerte. Le but est de maintenir le corps prêt pour attaquer. Les processus de pensée sont centrés sur les raisons jugées valables d'être en colère : se raisonner est très difficile. Dans cet état, un sujet a tendance à se méfier des autres et à réagir assez rapidement.	Il s'agit probablement du calme, même si parfois la colère peut donner plus de force. De manière générale, l'énergie disponible dans le calme sera plus importante.

petites phrases du type : « Ça n'arrive qu'à moi », « Ils le font exprès » envahissent l'esprit.

▷ *L'irritabilité adaptée*

Une irritabilité adaptée, dans le courant de la vie quotidienne, est probablement le niveau 0… Il n'y a en effet que peu de raisons réelles de s'emporter, même si celles-ci paraissent justifiées ! La plupart du temps, les meilleurs résultats seront obtenus dans le calme.

Tous les cas de figure se rencontrent, depuis les anxieux sans aucune irritabilité, jusqu'aux colériques sans aucune angoisse. La majorité d'entre nous connaissent un peu ces deux états !

Il est important de retenir que **plus l'émotivité est forte, moins le raisonnement est possible : trop d'émotivité empêche la pensée efficace et nous fait régresser vers des niveaux de fonctionnement archaïques.**

Le schéma ci-dessous permet de mieux comprendre le phénomène.

Plus l'émotivité est élevée, moins le raisonnement fonctionne. Au-dessus du seuil de l'embrayage cognitif qui correspond au fait qu'une personne commence à raisonner, on peut dire que ce sont les émotions qui commandent. Au-dessous de ce seuil, ce sont les pensées qui commandent.

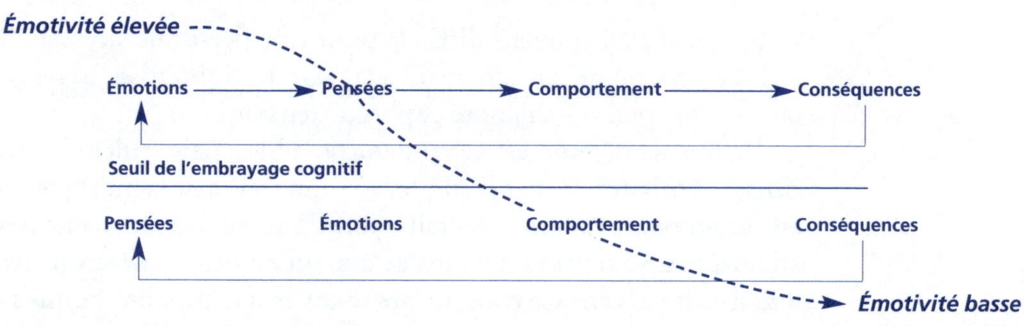

C'EST FAUX !

« Si je diminue mes émotions, je vais devenir indifférent et sans sentiment ! »

Si l'émotivité est trop élevée, au contraire, je suis de moins en moins sensible et mes sentiments passent au second plan. Une émotivité basse n'empêche aucun sentiment et favorise le raisonnement.

Apprendre à réagir avec un faible niveau d'émotivité permet de résoudre les problèmes stressants de manière plus efficace. Les processus de pensée fonctionnent mieux et l'énergie disponible pour l'action s'accroît, puisqu'elle est moins mobilisée par la réaction émotionnelle.

D'autre part, contrairement à l'opinion commune, être moins dans l'émotion permet plus de sensibilité et plus de sentiments !

En effet, imaginons Roméo, amoureux légendaire de Juliette, plongé dans un état de colère ; il est hautement probable que ses sentiments envers cette dernière passeront alors au second plan. Dans ce cas, Roméo risque de faire une scène terrible à la Juliette qu'il aime… En revanche, dès que sa colère sera tombée, l'amour reviendra au premier plan.

L'entraînement au contrôle des émotions est donc un objectif primordial. La règle pour une meilleure efficacité est : « **D'abord je me calme, ensuite je pense et agis.** » En cas de stress trop important, c'est : **« D'abord je m'énerve ou m'angoisse, ensuite je pense et agis »**, et l'action se fait dans l'émotivité.

Une des méthodes parmi les plus efficaces pour se calmer en situation est la relaxation rapide.

APPRENDRE LA RELAXATION RAPIDE

Se relaxer est souvent difficile pour une personne stressée. Il arrive même qu'un entraînement à la relaxation aboutisse au résultat inverse : plus d'irritabilité et plus de tension !

Parfois, la détente est cependant possible, mais seulement en situation privilégiée (par exemple, au calme, avec de la musique ou en vacances), et donc se généralise difficilement dans les contextes anxiogènes ou stressants. Dans ce cas, on ne peut se sentir relaxé que si tout va bien ! Ce n'est malgré tout pas si mal, et il vaut mieux avoir quelques moments de détente que rien du tout, mais cela est nettement insuffisant si le but est d'affronter les problèmes plutôt que de les éviter.

Le but d'une relaxation efficace est de fonctionner aussi, et surtout, dans les situations difficiles. La méthode exposée dans les lignes qui suivent est basée sur la physiologie du **système nerveux neurovégétatif**. Elle donne presque toujours un bon résultat si elle est pratiquée assez fréquemment.

▶ Le système nerveux neurovégétatif

Il règle tous les automatismes de notre corps (par exemple, le rythme cardiaque, la digestion, la respiration), sans que nous ayons besoin d'y penser. Il comporte deux parties : le **système sympathique** et le **système parasympathique**.

• Le système nerveux sympathique **accélère presque tous les organes.**

• Le système nerveux parasympathique **les ralentit.**

Ces deux parties du système nerveux autonome fonctionnent en **inhibition réciproque**, autrement dit : plus le système sympa-

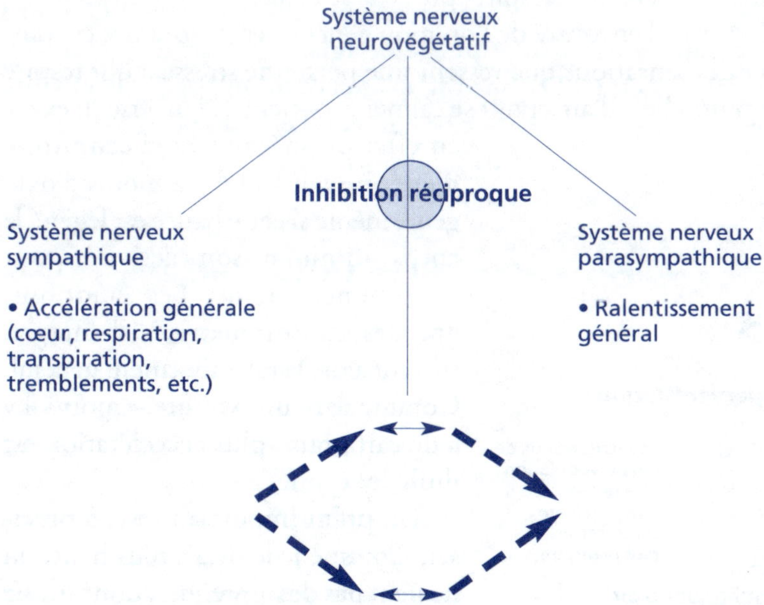

Système nerveux neurovégétatif : partie du système nerveux réglant la plus grande partie des fonctions automatiques de notre corps, comme la respiration, le rythme cardiaque, la digestion. Son rôle dans le déclenchement et le maintien du stress est crucial.

Système sympathique : partie du système nerveux neurovégétatif dont l'activation entraîne une accélération générale de la plupart des fonctions physiologiques. Sa stimulation augmente le stress et désactive le système nerveux parasympathique.

Système parasympathique : partie du système nerveux neurovégétatif dont l'activation entraîne un ralentissement général de presque toutes les fonctions de l'organisme. Sa stimulation calme et met au repos le système nerveux sympathique.

Inhibition réciproque : se dit du fonctionnement de deux systèmes dont l'activation de l'un entraîne le ralentissement de l'autre.

thique est actif, plus le système parasympathique est au repos et réciproquement.

Quand une personne est stressée, il existe une forte accélération du système sympathique et une décélération du système parasympathique. Cela se traduit souvent par une augmentation du rythme cardiaque, une oppression respiratoire, une tension musculaire, une hypertension artérielle, des tremblements, des suées. D'autres signes, nommés neurovégétatifs par les médecins, ne sont pas rares. Un cercle vicieux se met en place, touchant particulièrement la fonction respiratoire : la sensation d'étouffement fait respirer davantage, ce qui accélère le système sympathique et augmente la sensation d'étouffement.

Plus le sujet respire, plus il a l'impression de manquer d'air, plus il respire… Au maximum, c'est l'attaque de panique ou la fureur ! Le plus souvent, la personne stressée en reste à la sensation désagréable de précipitation et d'oppression de l'état d'alerte, mais cette sensation dure et parfois devient permanente. Le thermostat régulant l'activité réciproque des systèmes nerveux sympathique et parasympathique se dérègle dans le sens d'une hyperactivité sympathique et d'une hypoactivité parasympathique.

Heureusement, le réflexe fonctionne également en sens inverse : moins une personne respire, plus elle se calme !

Cela va à l'encontre de l'opinion générale et surtout des croyances et des sensations que ressent une personne stressée, qui respire de « grands bols d'air » pour se calmer et obtient… l'inverse. Il existe en effet un mécanisme d'**économie d'énergie :** quand il y a moins d'oxygène, même si cette baisse est légère, le corps diminue son activité pour consommer moins. Les émotions, grandes consommatrices d'énergie, suivent alors le ralentissement général. Comme dans une voiture, « moins il y a de carburant, plus l'accélération est difficile ! »

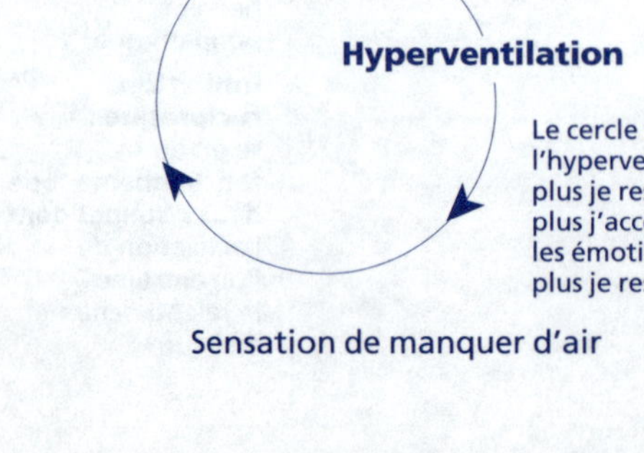

Le cercle vicieux de l'hyperventilation : plus je respire, plus j'accélère les émotions, plus je respire…

Un point important reste à préciser. Comme je le disais plus haut, on ne peut pas désapprendre, donc **on ne**

> C'EST FAUX !
>
> « Pour me calmer, je dois respirer bien à fond, afin de m'oxygéner. »
>
> Plus je respire fortement, plus je vais avoir une sensation d'étouffement, et plus mon stress va s'aggraver !

peut pas désapprendre le stress… Il ne reste plus qu'à apprendre le calme en « musclant » le système nerveux parasympathique, ce qui mettra au repos le système nerveux sympathique.

COMMENT S'ENTRAÎNER ?

▶ L'hypoventilation

Savoir se relaxer en situation stressante, quand nous sommes tendus, irritables ou anxieux, est difficile, voire impossible. Il faut donc tout d'abord savoir se calmer avec une **manœuvre vagale**, c'est-à-dire un réflexe stimulant le système nerveux parasympathique. Ralentir son rythme respiratoire entraîne un ralentissement émotionnel général, autant physiologique que psychologique : la pensée se « calme » quand l'émotivité diminue.

Manœuvre vagale : « vagal » signifie relatif au nerf vague. Le système nerveux vague est le nom ancien du système nerveux neurovégétatif.

Quand nous sommes stressés, nous avons surtout tendance à percevoir les accélérations et les tensions. Par exemple, nous ressentirons davantage quand notre cœur bat plus vite que l'inverse. Savoir prendre son pouls permet de vérifier si la méthode est efficace. S'il ralentit, c'est que ça marche ! En cas de pouls identique ou d'accélération, la technique est à perfectionner. Le pouls se situe au niveau du poignet, dans la gouttière directement dans le prolongement du pouce (voir dessin ci-contre). Appuyez l'index, le majeur et l'annulaire sur cette gouttière et vous percevrez les pulsations cardiaques, sous la forme d'un rythme régulier, plus ou moins rapide. Concentrez-vous bien sur ce rythme, afin d'en prendre l'habitude.

Comment prendre son pouls

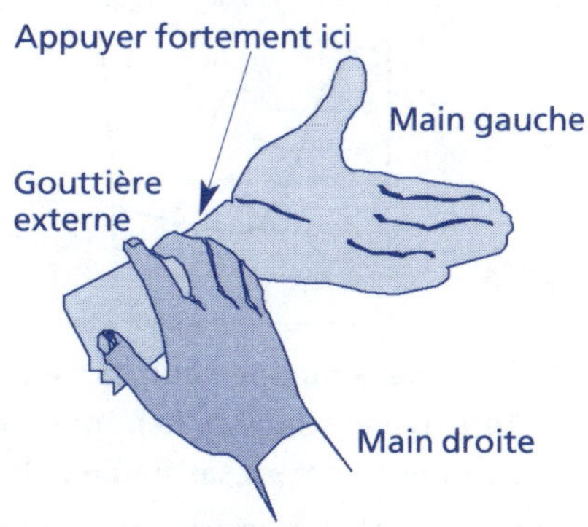

Dès que la technique est bien apprise, vous pouvez passer à l'étape suivante :

Videz vos poumons, sans forcer, puis prenez un tout petit peu d'air, que vous gardez un court moment. Enfin, **expirez sans vous forcer**, comme un ballon qui se dégonfle par lui-même. Après quelques essais, vous percevrez un ralentissement au niveau du pouls, d'abord sous forme d'un décrochage (par exemple, un battement cardiaque de moins), ou d'une force pulsative moindre, puis le rythme régulier reviendra.

Persistez, mais sans effort, jusqu'à ce que le ralentissement soit bien net.

Petit à petit, le rythme cardiaque restera plus longtemps moins élevé. Quel que soit le rythme de base du pouls, rapide ou lent, il est possible de le ralentir.

La mesure de la fréquence cardiaque sert de « compte-tours » pour l'apprentissage. Le plus souvent, quand quelqu'un commence à pratiquer la méthode, il ne perçoit pas de ralentissement du pouls. Parfois, il survient même une accélération, probablement due au fait qu'il s'agit d'une nouveauté. Tout ce qui est nouveau stimule le système nerveux sympathique. Dans un second temps, le ralentissement est perceptible, vous ressentez un battement de moins, par exemple. Quand le phénomène se produit, cela signifie que le système nerveux parasympathique s'est enclenché et que tout ralentit dans le corps, même si cela ne dure qu'un dixième de seconde. Dans un troisième temps, il suffit de maintenir un rythme respiratoire assez bas, et la période de ralentissement devient plus grande. Cette évolution assez typique est représentée dans le schéma ci-dessous.

Courbes de fréquence du pouls au fur et à mesure d'un entraînement à l'hypoventilation

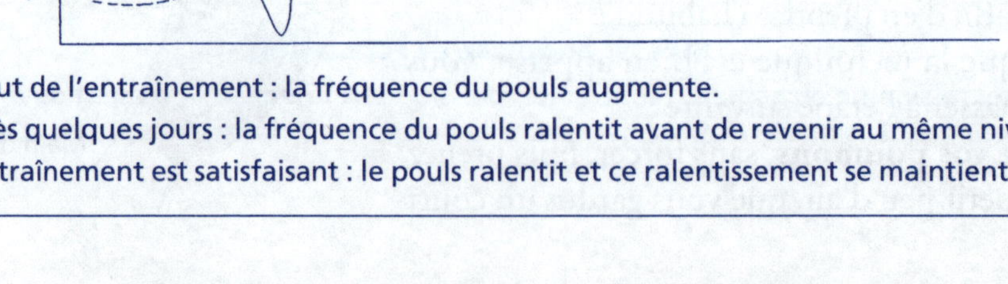

1. Début de l'entraînement : la fréquence du pouls augmente.
2. Après quelques jours : la fréquence du pouls ralentit avant de revenir au même niveau.
3. L'entraînement est satisfaisant : le pouls ralentit et ce ralentissement se maintient.

Il est important de ne faire qu'un seul exercice à la fois, afin de pouvoir rester concentré sur la manœuvre, et bien sûr de ne pas s'énerver, ce qui donnerait le résultat inverse de celui souhaité. Par contre, l'entraînement est essentiel pour avancer plus vite : faire plutôt dix exercices mal faits, plutôt qu'un seul bien fait, et « remplacer les doutes par la répétition ».

Tout apprentissage se fait de bien meilleure manière s'il est progressif. Donc, il vaut mieux d'abord pratiquer les exercices quand tout va bien ou pas trop mal, c'est-à-dire en dehors de périodes de contrariétés ou de situations stressantes. Le résultat se généralisera progressivement aux situations plus difficiles. Cela n'est pas particulier à l'entraînement à la relaxation rapide, mais concerne presque tous les apprentissages : il vaut mieux apprendre à faire du patin à glace progressivement, quand nous ne nous sommes pas trop fatigués, et plutôt par de petits exercices, que par un saut périlleux un jour de migraine !

Au fur et à mesure, il devient possible de repérer le ralentissement dans l'ensemble du corps (en effet, quand le cœur ralentit, tout ou presque tout ralentit), mais particulièrement au niveau de la poitrine, sous la forme d'un relâchement. Quand c'est le cas, la prise de pouls devient inutile. Cette sensation de calme, de relâchement ou de baisse de vigilance correspond à un début de relaxation.

Continuez l'entraînement jusqu'à ce que chaque exercice ou presque amène le ralentissement et la sensation rapide de calme. Pratiquez l'hypoventilation dans toutes les circonstances de votre vie (au travail, durant les trajets, en famille, en réunion) et dans toutes les positions (assis, debout, les yeux fermés, les yeux ouverts, etc.).

Une fois bien habitué, commencez à appliquer la méthode d'abord dans les situations faiblement contrariantes ou angoissantes, afin de vérifier que vous êtes capable de vous calmer et de ralentir votre pouls, donc de vous mettre dans de meilleures dispo-

DÉFINITIONS

Stress, angoisse et relaxation

« Stress » signifie en anglais « contrainte, pression ». « Angoisse » provient du mot latin *angere*, lequel signifie « oppresser, serrer la gorge ». « Relaxation » provient du latin *relaxatio*, lequel signifie « relâchement ».

CONSEILS

Réflexe de ralentissement

Il est également possible de conditionner un **réflexe de ralentissement après une accélération émotionnelle** avec la technique suivante.

Debout, les yeux fermés, respirez fortement et rapidement, jusqu'à ce que votre cœur batte plus vite. Cela peut s'accompagner d'un malaise, comme un vertige, une oppression respiratoire, de la transpiration ; donc, ne pas insister au-delà de l'accélération du pouls, il est inutile d'aller jusqu'à l'attaque de panique !

Dès que cette accélération est obtenue, commencez la *manœuvre d'hypoventilation*, répétez-la en plusieurs fois bien séparées, jusqu'à ce que vous obteniez un ralentissement important de votre pouls. Petit à petit, vous pourrez observer qu'une nouvelle habitude se met en place : chaque montée émotionnelle met en route une manœuvre de ralentissement.

Ne soyez pas trop perfectionniste ! Il vaut mieux répéter les exercices tout au long de la journée et dans les circonstances habituelles de la vie, plutôt qu'en faire un ou deux parfaitement. La répétition fréquente, même imparfaite, donne un meilleur résultat.

sitions pour réagir de manière efficace, puis, progressivement, entraînez-vous dans des moments plus difficiles.

L'entraînement à l'hypoventilation en lui-même, souvent pratiqué, est extrêmement efficace. Il est cependant bien complété par une méthode de relaxation rapide, alors beaucoup plus facile à apprendre.

Relaxation : méthode qui consiste à détendre l'ensemble du corps, particulièrement les muscles.

▶ La relaxation rapide

Confortablement installé en position assise, après une hypoventilation servant d'induction, il suffit de se concentrer quelques secondes, les yeux fermés, sur la **respiration « qui endort » : chaque expiration me rapproche alors du sommeil ou d'une sensation de calme.**

Au début, une dizaine de respirations sont nécessaires, chacune me relaxant davantage. Petit à petit, il devient possible d'obtenir une relaxation profonde avec de moins en moins de respirations… jusqu'à ce qu'une seule suffise !

Au fur et à mesure de l'entraînement, recherchez, à l'aide de la respiration, la même sensation de calme, mais les yeux ouverts. La relaxation correspond à un état de calme proche de celui nécessaire pour s'endormir… Mais en étant bien réveillé !

Quand il est possible de se relaxer rapidement, c'est-à-dire de trouver en quelques instants un calme général dans l'ensemble du corps, il devient intéressant de pratiquer l'exercice dans toutes les situations de la vie quotidienne, en commençant par les moins stressantes. Comme pour les exercices précédents la répétition, est primordiale.

▷ *La concentration et l'attention dirigée*

La relaxation rapide peut-être complétée par un exercice de **concentration**, tout d'abord sur une image ou un objet neutre et sur une durée de quelques secondes pour commencer. Pour cela, choisissez un objet quelconque et observez-le en le détaillant minutieusement, en dessinant du regard sa forme exacte. Si votre attention s'échappe, arrêtez l'exercice et recommencez un peu plus tard. Dès que la concentration sur l'objet est possible, généralement un sentiment de calme s'installe. Profitez-en pleinement. La même concentration sera ensuite réalisée sur cette image ou cet objet mentalement. Cela présente l'avantage important de vider l'esprit de ses préoccupations, puisque, comme Émile Coué[1] l'avait déjà remarqué, on ne peut avoir qu'une seule idée à la fois. Par la suite, le simple fait d'y penser suffit pour se sentir rapidement détendu.

Concentration : méthode qui consiste à ne penser qu'à une seule chose durant un certain temps. L'application essentielle est de ne se concentrer que sur ce que nous sommes en train de faire, et donc de ne pas être parasité par d'autres actions ou idées.

Il est aussi possible d'utiliser une image agréable, ou inspirant le calme, comme un paysage de montagne, un cours d'eau, un bord de mer, une fleur, etc. Dans ce cas, il s'agit d'une représentation personnelle, le plus souvent la même, afin de bien mettre en place un réflexe conditionné : y penser induit la relaxation.

La relaxation des mains et la relaxation du visage seront profitables, s'il vous est difficile, voire impossible, de vous « créer une image mentale », ou simplement parce que vous trouvez ces méthodes plus agréables.

EXERCICE

Entraînement à la concentration et à l'attention dirigée

1. Fixez un objet quelconque et concentrez-vous dessus en le détaillant jusqu'à ce que toute votre pensée soit occupée par cet objet.
2. Recommencez l'exercice en imagination, les yeux fermés, avec le même objet, en le détaillant soigneusement.
3. Si votre attention faiblit, arrêtez l'exercice, relaxez-vous et recommencez un peu plus tard.
La capacité d'attention sur un fait précis augmente considérablement en s'entraînant de cette manière.

1. Émile Coué, *La Méthode Coué*, Paris, Éditions Renaudot et compagnie, 1989.

▶ La relaxation des mains

Commencez par un exercice de ralentissement respiratoire, puis recherchez le calme ou la somnolence, en position assise. Ensuite, concentrez-vous sur le poids et la surface de contact des mains posées sur les cuisses. Plus les mains sont lourdes et la surface de contact large, plus la relaxation est importante, puisque les muscles sont alors relâchés. Avec un peu d'habitude, la sensation de calme envahit l'ensemble du corps.

▶ La relaxation du visage

Après une induction par ralentissement respiratoire, les yeux fermés, concentrez-vous d'abord sur la détente de la mâchoire, les masséters étant parmi les muscles les plus puissants dans l'organisme. Quand la relaxation s'installe, il n'est pas rare de beaucoup saliver, ce qui est donc plutôt bon signe. Ensuite, relâchez les différents muscles de la face, en commençant par ceux du front. Quand l'ensemble du visage est bien détendu, le corps dans son ensemble l'est également. Parfois, il est intéressant de compléter l'exercice en détendant toutes les parties du corps : la nuque, le dos, les membres.

Quand le niveau de relaxation est bon, c'est-à-dire que vous vous sentez calme et installé confortablement, entraînez-vous à retrouver de plus en plus rapidement cet état, en diminuant le temps de l'exercice tout en maintenant sa qualité. Il ne reste plus ensuite qu'à répéter assez pour être capable d'obtenir une détente profonde à partir d'une simple expiration : la relaxation est alors instantanée.

D'autres techniques permettent de se décontracter avec efficacité et de se détendre, comme la sophrologie[2], le training autogène[3] ou la méthode de Jacobson[4]. À ma connaissance, cependant, elles doivent, dans le cadre de la gestion du stress, toujours être réalisées en parallèle aux relaxations rapides du type de celles décrites ci-dessus, soit par décontraction, soit par imagerie mentale. En effet, il n'est pas toujours possible d'être installé confortablement pour se

2. Alfonso Caycedo, *L'Aventure de la sophrologie*, Paris, Retz, 1979.
3. J. H. Schultz, *Le Training autogène*, Paris, PUF, 1968.

relaxer de manière « classique », alors que la relaxation rapide est « tout terrain », « transportable » dans le métro à une heure de pointe ou dans une réunion de travail délicate.

▶ La désensibilisation

La relaxation pratiquée assez souvent, en elle-même, donne de bons résultats et, en cela, l'entraînement aux méthodes présentées ci-dessus se justifie en soi. Il est cependant intéressant de l'utiliser de manière plus performante en désensibilisant les situations stressantes. Désensibiliser, c'est arriver à s'exposer à ces situations dans le calme, ce qui est beaucoup plus confortable et permet une bien meilleure performance. Pour cela, deux manières de faire existent : la désensibilisation en réalité et la désensibilisation en imagination.

Désensibilisation : méthode de thérapie comportementale qui consiste à s'exposer aux situations angoissantes ou stressantes, mais avec un bon contrôle du stress par la relaxation (J. Wolpe, 1952).

▷ *La désensibilisation en réalité*

Une fois les outils de relaxation rapide bien acquis, il est possible de faire un programme d'exposition aux situations stressantes en commençant par des stresseurs peu importants, puis en augmentant progressivement la difficulté. La méthode consiste, dans un premier temps, à dresser une liste de problèmes déclenchant une réaction de stress, puis à les ranger du plus facile vers le plus difficile. Dans un second temps, après relaxation, il suffit de s'exposer à chacune des situations en vérifiant bien que le calme se maintient.

Une variante de cette méthode est de décomposer une situation stressante en plusieurs étapes moins pénibles, et de s'exposer à chacune d'entre elles dans l'ordre croissant de difficulté. Par exemple, si je me sens débordé par mon travail dès le matin, je peux décomposer ce que j'ai à faire en trois ou quatre tâches et les entreprendre sous relaxation l'une après l'autre, en commençant par la plus facile.

Exemple : **Frédérique**, visiteuse médicale, est une jeune femme de 25 ans qui présente depuis deux ans environ des problèmes de stress. Elle souffre de douleurs abdominales, surtout marquées quand elle est contrariée, d'une difficulté pour s'endormir et de fatigue.

4. E. Jacobson, *Progressive Relaxation,* Chicago, University of Chicago Press, 1938.

Au niveau de son travail, les choses ne vont pas toutes seules. Elle doit rendre des comptes à sa hiérarchie, par rapport aux ventes des produits qu'elle présente aux médecins, ces derniers ne sont pas toujours disponibles pour l'écouter et, parfois, sont même franchement désagréables avec elle. Frédérique passe des heures en salle d'attente et a du mal à respecter son plan de visite. « C'est la pression permanente », selon ses mots.
Son programme de gestion du stress a comporté les étapes suivantes :
1. Apprentissage de la relaxation rapide.
2. Désensibilisation en suivant le degré de difficulté suivant :
• médecin accueillant;
• médecin un peu moins accueillant;
• discussion avec une collègue de travail pessimiste;
• requête à son directeur régional;
• visite auprès d'un médecin connu pour être particulièrement désagréable, surtout avec les visiteurs médicaux.
Dans chacune des situations, Frédérique arrivait relaxée et maintenait cet état durant toute l'exposition. Elle ne passait à l'étape suivante que quand elle se sentait particulièrement bien dans l'étape précédente. Assez rapidement, elle a pris l'habitude d'abord de se relaxer avant d'affronter tous les problèmes professionnels qui se présentent et, depuis qu'elle applique cette méthode, elle se sent bien mieux. De plus, le fait d'être moins stressée lui a permis de relativiser et de dédramatiser les difficultés : « Dans mon métier, il faut aimer les problèmes, sinon autant changer », dit-elle assez souvent !

Parfois, appliquer la désensibilisation en réalité est difficile pour les raisons suivantes :

1. S'il est ardu de dresser une liste fiable de problèmes, par exemple, quand un emploi du temps comporte beaucoup d'imprévus. Dans ce cas, considérez l'imprévu comme un stresseur en lui-même, commencez par une préparation en imagination comme celle expliquée plus loin.

2. S'il n'existe que des situations difficiles, ou bien une seule mais impossible à décomposer en étapes progressives. La préparation en imagination est alors également d'un grand secours, ainsi que l'entraînement en simulation.

3. Si le problème que j'ai à affronter nécessite des compétences particulières que je n'ai pas. Il sera en effet difficile de rester calme dans un travail délicat que je ne sais pas faire… Ce serait comme se lancer en deltaplane sans jamais avoir appris ! Dans ce cas, l'acquisition des habiletés requises, ou le recours à des compétences extérieures, est un préliminaire indispensable.

▷ *La désensibilisation en imagination*

Le principe est identique à celui de l'exposition en réalité. Deux cas de figure se présentent :

1. Il est possible de morceler une situation difficile en étapes progressives ou bien de faire une hiérarchie des problèmes en fonction de leur difficulté croissante.

Dans ce cas, fermez les yeux et imaginez sous relaxation les différentes étapes en commençant par la plus facile, et en ne passant à la suivante que si le calme peut être complètement maintenu.

2. Il n'existe que des situations difficiles ou imprévisibles. Dans ce cas, l'exposition en imagination sera répétée beaucoup plus souvent, jusqu'à obtenir une très bonne relaxation en pensant au problème à désensibiliser. Chaque fois que l'anxiété, la colère ou un malaise apparaît durant l'exercice, arrêtez immédiatement l'exposition, puis relaxez-vous à nouveau profondément et recommencez !

Si les situations sont imprévisibles, pratiquez la même méthode, mais avec des événements déjà vécus. Par exemple, s'il s'agit d'une dispute, sous relaxation, imaginez tous les détails de l'épisode, et recommencez jusqu'à ce que le calme soit bien installé. Se remémorer le passé pénible sous relaxation est une très bonne façon de mieux vivre les problèmes futurs.

Vous remarquerez que, dans le stress, il existe souvent, soit sous forme d'anticipations anxieuses ou colériques, soit sous forme de ruminations sur le passé, des images ou des pensées reproduisant les problèmes passés ou à venir… Ces répétitions sont extrêmement efficaces pour générer et maintenir la réaction stressante !

Une désensibilisation fonctionne exactement de la même manière, mais en sens inverse. Il s'agit de s'exposer aux situations sous la forme d'images, tout en maintenant bien l'état de calme.

L'habitude de se relaxer en toutes circonstances permet de mieux utiliser l'énergie habituellement dépensée en émotivité pour le raisonnement et l'action. Une meilleure efficacité en découle.

Parfois, être détendu suffit. Le simple bon sens et les habiletés personnelles permettent de résoudre les problèmes professionnels, familiaux et relationnels.

Souvent, cependant, la relaxation et la désensibilisation ne seront qu'une introduction aux autres méthodes de gestion du stress, qui sont :

1. les techniques cognitives, utilisées pour une modification des processus de pensée, autrement dit, la façon de se présenter les choses ;

2. les techniques de résolution de problèmes et l'apprentissage des habiletés relationnelles ;

3. la gestion du temps ;

4. les méthodes d'amélioration de l'hygiène de vie, concernant l'alimentation, l'activité physique, les habitudes toxiques.

Exemple : Myriam était toujours énervée. Au travail, avec son mari, avec ses enfants.

Elle piquait des crises de colère et se mettait à hurler pour un rien !

De manière générale, elle se sentait tout le temps stressée et avait peur de ne jamais arriver à tout faire dans sa journée. Elle avait parfois des crises de tachycardie, autrement dit son cœur se mettait à battre très vite, et elle se sentait alors serrée dans la poitrine. Elle prenait de grandes respirations qui semblaient lui faire du bien… Mais elle avait de plus en plus de crises.

L'analyse fonctionnelle de son problème a bien mis en évidence que toute contrariété, même minime, entraînait chez elle une très grande irritation.

Nous avons donc décidé d'un entraînement à la relaxation rapide en commençant par les exercices respiratoires d'hypoventilation. En quatre mois, Myriam a pris une nouvelle habitude : dès qu'elle se sent contrariée, elle fait immédiatement un exercice de relaxation, qui ralentit son cœur… et son énervement. Cela est devenu un réflexe : il est très difficile de s'énerver en ralentissant !

Se sentant plus calme, elle perd moins de temps et d'énergie pour faire les choses du quotidien et se sent bien moins fatiguée. Elle a également constaté que ses enfants obéissent mieux dans le calme, ce qu'elle pensait impossible auparavant.

L'entraînement à la relaxation s'est révélé suffisant. Myriam est beaucoup plus calme.

RÉSUMÉ

La relaxation rapide

L'émotivité correspond à une accélération générale de tout le corps. Quand elle est très élevée, **il devient impossible de raisonner**, toute la pensée se met au service de l'émotion.

Les émotions consomment beaucoup d'énergie et ont besoin d'oxygène pour fonctionner. Cela explique qu'elles s'accompagnent d'un rythme respiratoire de plus en plus rapide, entraînant paradoxalement une sensation de manque d'air, et donc une accélération supplémentaire de la respiration. Le cercle vicieux est bouclé et se développe de manière réflexe.

L'**hypoventilation** est une manœuvre vagale générant un ralentissement général du corps par l'intermédiaire du système nerveux parasympathique.

Quand l'hypoventilation est devenue habituelle, **la relaxation rapide** devient possible et permet de mettre en place un nouveau réflexe : « **En cas de problème, d'abord je ralentis et ensuite je pense.** » L'énergie disponible pour la pensée et l'action devient plus importante.

Le grand secret de la réussite de la méthode est la répétition fréquente sur plusieurs mois, jusqu'à créer un automatisme.

Les **désensibilisations en réalité et en imagination**, sous relaxation, s'appuient sur la relaxation pour apprendre à se sentir calme en situation. Dans le cas de la désensibilisation en imagination, la méthode consiste à se concentrer, dans un état de relaxation, sur les images et les pensées qu'on retrouve souvent sous forme d'anticipations ou de remémorations dans le stress.

EXERCICE

Pratiquer la relaxation rapide

1. Apprenez la méthode de relaxation rapide, progressivement, en commençant dans une situation calme, puis dans toutes les circonstances habituelles de la vie.

2. Dressez une liste des situations stressantes, ordonnées en fonction de votre difficulté à les affronter.

3. Préparez-vous en imagination à vous exposer à chacune des situations, en commençant par la moins difficile. Pour cela, relaxez-vous et imaginez la situation, le comportement que vous souhaiteriez avoir alors. N'hésitez pas à répéter l'exercice. Si l'anxiété monte, arrêtez et recommencez plus tard.

4. Testez ensuite votre aptitude en réalité à vous relaxer. Quand le résultat est acquis sur la première étape, recommencez avec l'étape suivante, plus difficile.

L'état émotif n'étant pas constant, il y a des jours où l'exercice est plus facile à réaliser et des jours où il l'est moins… Continuez jusqu'à ce que le résultat soit performant, où que vous soyez et quelle que soit votre émotivité de départ.

chapitre

4

Modifier ses habitudes de penser

« Penser est le propre de l'homme », mais le contenu de notre pensée n'est pas toujours adapté à nos objectifs ! Ce qui nous passe par l'esprit reflète étroitement notre état émotionnel et joue un rôle crucial dans l'engendrement du stress. Nos pensées sont alors souvent globalement pessimistes et en grande partie orientées vers ce que nous craignons, centrées sur notre colère ou sur notre désir de compétition.

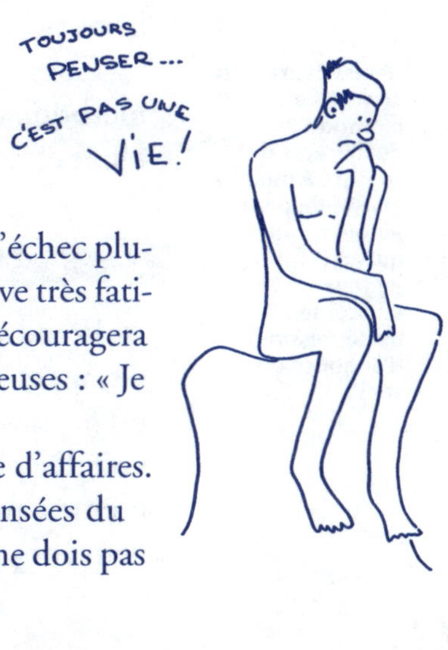

Par exemple, si un étudiant a peur d'échouer à un examen, ses pensées seront plutôt dirigées sur le risque d'échec plutôt que sur les chances de réussite. Si ce dernier se retrouve très fatigué par un état de stress trop long ou trop intense, il se découragera et les pensées dépressives remplaceront les pensées anxieuses : « Je suis nul ! », « Je n'y arriverai jamais ! », etc.

Un cadre commercial sera préoccupé par son chiffre d'affaires. L'esprit de compétition se caractérise alors par des pensées du type : « Il faut que je me batte ! », « Je dois réagir ! », « Je ne dois pas craquer »… Si la pression est continuelle, si les résultats ne sont pas au rendez-vous, des pensées moins combatives peuvent apparaître : « Je ne suis plus dans le coup ! », « Je vais me faire renvoyer ! », « C'est trop dur… », « À quoi cela sert-il de se battre ? », etc.

Sur la durée, l'habitude fera que toute information sera traitée en fonction du stress, et le sujet aura un style de pensée, sur lui-même, les autres et l'avenir, caractéristique de la résistance ou de l'épuisement. Sur son compte, le commercial pourra, par exemple, se dire, en phase d'adaptation : « Suis-je bien à ma place dans ce travail ? » ; en phase d'épuisement : « Je ferai mieux de démissionner »… Sur les autres, en phase d'adaptation : « Je dois me méfier de tout le monde ! » et en phase d'épuisement : « Les autres veulent me couler ! ». Sur l'avenir, il pensera, en phase d'adaptation : « Tout peut arriver ! » et, en phase d'épuisement : « Rien ne va marcher ! ».

Cette façon générale de se représenter les choses aggrave en cercle vicieux l'état de stress, comme le représente le schéma ci-dessous.

Ces pensées, appelées **pensées automatiques,** sont toujours présentes ! Elles envahissent l'esprit, même en dehors des situations stressantes. Elles sont notre monde habituel « portatif » et participent de manière permanente de l'état émotionnel. La modification des habitudes de penser est d'une efficacité remarquable sur le stress.

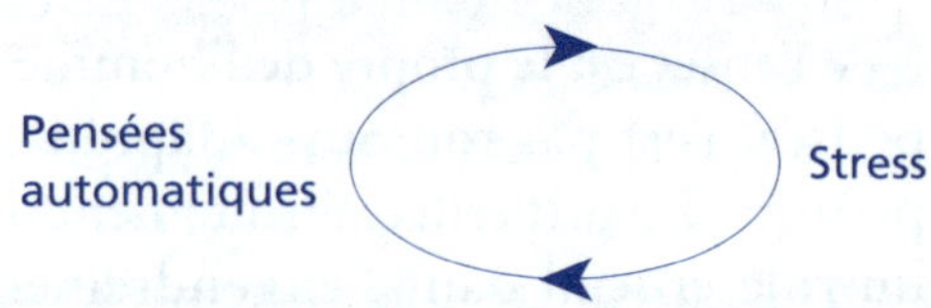

Restructuration cognitive : méthode de thérapie qui consiste à modifier le style de pensées automatiques quand celui-ci aggrave un problème de dépression, d'angoisse ou de stress.

Comment procéder ? La **restructuration cognitive** est une méthode utile, facile à mettre en œuvre avec un peu d'entraînement et riche d'enseignement pour la connaissance de soi-même.

PRATIQUER LA RESTRUCTURATION COGNITIVE

Prendre conscience de ses pensées automatiques est très intéressant et permet de se rendre compte que ces pensées sont comme un paysage habituel qui défile en continu et qu'on finit par ne plus voir. De plus, elles sont peu nombreuses. Ce sont fréquemment les mêmes qui reviennent ; elles sont au nombre de cinq ou six, et peuvent parfois aller jusqu'à dix, mais rarement au-delà. En pratique, cela veut dire qu'en modifiant un nombre restreint de points de vue, nous pouvons agir sur l'ensemble de notre pensée dans le sens d'une meilleure prévention du stress.

> Pensées automatiques ⇄ Émotions
>
> Il existe une relation étroite entre pensées automatiques et émotions.
> Si les émotions ne sont pas trop fortes, la modification progressive des pensées automatiques par raisonnement socratique (voir p. 81) modifie les émotions.

REPÉRER SES PENSÉES AUTOMATIQUES

La méthode consiste à relever par écrit les pensées automatiques en fonction des situations déclenchantes et des émotions. Ce travail est, dans un premier temps, beaucoup plus facile à réaliser *a posteriori*; il suffit de penser à une (ou plusieurs) situations contrariantes passées et tout revient !

Voici une petite série de questions utiles pour repérer les pensées et leurs conséquences :

1. « Comment est-ce que je me sens dans cette situation ? »
2. « Que me passe-t-il alors par l'esprit ? »
3. « En continuant à penser de cette manière, dans quel état serai-je dans dix minutes ? »

La feuille à cinq colonnes, inspirée de la thérapie cognitive de A. T. Beck[1], facilite beaucoup cette auto-observation :

1. La première colonne correspond aux stresseurs, aux situations déclenchantes. Le simple fait de penser à un événement peut suffire à provoquer des émotions, ce qui explique que « le fil d'idées ou d'images » soit rangé dans cette colonne.

2. La seconde colonne comprend les émotions ressenties et l'évaluation de 0 à 10 de l'intensité subjective de celles-ci. La note 0 sera donnée à une intensité faible, la note 10 à une intensité maximale.

3. La troisième colonne rapporte les pensées automatiques, c'est-à-dire ce qui passe par l'esprit. Le niveau de croyance est également évalué sur une échelle de 0 à 10. La note 0 correspond au

1. A. T. Beck, A. J. Rush, B. F. Shaw, G. Émery, *Cognitive Therapy of Depression*, New York, Guilford Press, 1979.

fait de ne pas croire du tout à ses pensées automatiques, la note 10 à une croyance maximale.

4. La quatrième colonne est consacrée au comportement et à l'évaluation de son efficacité, de la même manière, de 0 à 10.

5. Enfin, la dernière colonne évalue les conséquences et le fait qu'elles soient souhaitables ou non, toujours de 0 à 10.

Il est possible de ranger les pensées automatiques en trois catégories : sur moi-même, sur les autres et sur l'avenir, ce qui est une manière commode de s'observer.

Quelques feuilles et un travail de quelques jours donnent assez rapidement une bonne idée de sa « carte d'identité cognitive », c'est-à-dire de ses habitudes de penser et de leurs relations avec les émotions et les comportements qui posent problème. Cette simple observation a déjà un impact ; en effet, prendre conscience et mieux comprendre ce qui se passe augmentent le contrôle et diminuent le stress.

CHANGER SES PENSÉES AUTOMATIQUES

Une fois les pensées automatiques bien repérées, il est souhaitable de les reprendre l'une après l'autre et de questionner leur validité, au crible de la logique et du bon sens. L'objectif est de les modifier pour avoir plus d'efficacité sur ses émotions et ses actions.

Cela se fait à l'aide des questions suivantes :

1. « Si j'évalue mon degré de croyance dans ce que je me suis dit de 0 à 10, avec 0 si je ne crois absolument pas à ce qui m'est passé par l'esprit et 10 si j'y crois totalement, et bien sûr tous les intermédiaires possibles, quelle est la note que je donne ? »

2. « Si ma croyance n'est pas de 10/10, pourquoi ? »

3. « Est-ce que mes pensées sont un fait précis ou une interprétation des faits ? »

4. « Existe-t-il une alternative à chacune de mes pensées, et quelle est la probabilité de réalité de chaque alternative ? »

5. « Est-ce que je tiendrais le même raisonnement pour une autre personne ? Est-ce que je ne me juge pas plus sévèrement que je ne le ferais pour quelqu'un d'autre ? »

CONSEILS

Bien prendre le temps de « mettre au point » une pensée réaliste, à laquelle « je crois à 100 % ».
Ne pas essayer de se « convaincre » par rapport à une pensée irréaliste : se dire que tout va bien si ça va mal ne sera pas efficace ! Il s'agit simplement de corriger les façons exagérément pessimistes ou stressantes de voir les choses.

Exemple :
Reprenons le cas de Jean-Marc, précédemment cité. **Jean-Marc** a utilisé les feuilles à cinq colonnes, dont voici un exemplaire type :

Feuille à cinq colonnes				
Situation ou fil d'idées ou d'images provoquant l'émotion	Émotions (Intensité de 0 à 10)	Pensées automatiques (Croyance de 0 à 10)	Comportements (Efficacité de 0 à 10)	Conséquences (Souhaitables de 0 à 10)
La maison à payer, le crédit et les traites.	***Angoisse 7/10*** ***Irritabilité 5/10*** ***Fatigue (6/10)***	***Pourvu que mon travail marche ! (Crainte de ne pas faire le chiffre d'affaires.) 6/10***	***J'en fais encore plus, je m'énerve. 7/10***	***Voir plus de clients 7/10***

Nous constatons que le fait de penser à ses dettes provoque une montée émotionnelle marquée par l'angoisse.
Cette angoisse est en relation étroite avec la crainte de ne pas gagner assez d'argent. Les conséquences sont une augmentation de l'activité (fait de voir plus de clients) mais aussi de la fatigue. Jean-Marc utilise le stress pour travailler davantage... Mais travailler davantage augmente le stress...

Cette liste de questions n'est bien sûr pas limitative. Chacune d'entre elles a pour but de mettre sous microscope les pensées automatiques afin d'examiner leur validité et les alternatives possibles.

Cette façon de faire est une méthode de recherche personnelle appelée « **raisonnement socratique** », et, comme son nom l'indique, a été inventée par le célèbre philosophe Socrate. Elle a fait ses preuves depuis plus de deux mille cinq cents ans !

Il ne reste plus qu'à évaluer le niveau de croyance dans la pensée modifiée et l'impact sur les émotions, les comportements et les

C'EST FAUX !

« Repérer ce qui me passe par l'esprit !
Mais je n'en aurai jamais fini, je n'arrête pas de penser à des centaines de choses... »

Les pensées automatiques sont en fait presque toujours les mêmes, mais elles reviennent sans cesse... En modifiant cinq ou six types de pensées, nous changeons une grande partie de notre paysage mental et émotionnel.

conséquences qui en découlent, afin de bien faire la « récolte » de ce questionnement.

L'utilisation de feuilles à six colonnes facilite beaucoup cet entraînement, qui, s'il est répété souvent, donne un très bon résultat, comme l'entraînement à la relaxation rapide... Jusqu'à la mise en route d'une nouvelle habitude de penser plus réaliste et plus rentable !

Le repérage et la rectification des processus de pensée : ce sont les règles suivant lesquelles nous traitons l'information que nous recevons. La façon dont nous percevons les événements n'est jamais neutre. Elle se fait en fonction des processus habituels.

Une autre méthode de prise de conscience et de modification des pensées automatiques est également très utile : **le repérage et la rectification des processus de pensée**. Chacune de nos pensées, comme nous l'avons vu, est une façon de percevoir les événements de la vie. En langage scientifique, nous disons que notre cerveau traite l'information en fonction d'*a priori*. Cela veut dire que nous percevons ce que nous nous attendons à percevoir, et non pas les choses elles-mêmes !

Qui n'a pas fait l'expérience d'acheter une nouvelle voiture et de s'apercevoir, après son achat, que cette dernière est assez répandue, alors qu'auparavant on ne la voyait pas ?

Il faut retenir en pratique que nous percevons, en priorité, ce que nous craignons, puis ce qui nous fait plaisir, en troisième position ce que nous sommes entraînés à repérer, et enfin seulement ce qui est neutre.

Dans l'exemple précédent, nous remarquons les voitures qui ressemblent à celle que l'on vient d'acheter, parce que nous sommes plus attentifs et plus préparés à les voir. Auparavant, elles étaient probablement aussi nombreuses, mais notre cerveau n'avait aucun intérêt à sélectionner cette information.

Cette « préférence » de perception se nomme « **processus** ». Il s'agit de la manière dont l'information est traitée en fonction des attentes. Aucune situation, aucun événement ne sont perçus tels qu'ils sont mais toujours en fonction du sujet.

Exemple :
comment Jean-Marc a appliqué la méthode du raisonnement socratique

La pensée automatique est :

« Pourvu que mon travail marche ! » (Crainte de ne pas faire le chiffre d'affaires.)

La croyance dans cette pensée – le risque de ne pas réaliser le chiffre d'affaires – est de 6/10.

La méthode des questions a donné le résultat suivant :

Question : « Si ma croyance n'est pas de 10/10, pourquoi ? »

Réponse : « Les affaires sont fluctuantes et des clients peuvent me lâcher. »

Question : « Est-ce que mes pensées sont un fait précis ou une interprétation des faits ? »

Réponse : « C'est une crainte, mais pas un fait. »

Question : « Existe-t-il une alternative à chacune de mes pensées, et quelle est la probabilité de réalité de chaque alternative ? »

Réponses :

1. « Je vais réaliser mon chiffre : 8/10. »
2. « Si je ne réalise pas ce chiffre, j'ai une marge de manœuvre et je peux me retourner : 10/10. »
3. « Même si je tombe malade, j'ai une assurance qui permettra de faire face, même si c'est dur : 9/10. »

Question : « Est-ce que je tiendrais le même raisonnement pour une autre personne ? Est-ce que je ne me juge pas plus sévèrement que je ne le ferais pour quelqu'un d'autre ? »

Réponse : « Je pense que quelqu'un d'autre dans ma situation ne devrait pas se faire tant de soucis. »

La feuille à six colonnes résume le travail de restructuration cognitive et permet d'évaluer le résultat :

Feuille à six colonnes

Situation ou fil d'idées ou d'images provoquant l'émotion	Émotions (Intensité de 0 à 10)	Pensées automatiques (Croyance de 0 à 10)	Pensées modifiées (Croyance de 0 à 10)	Comportements (Efficacité de 0 à10)	Conséquences (Souhaitables de 0 à 10)
La maison à payer, le crédit et les traites.	***Angoisse 7/10*** ***Irritabilité 5/10*** ***Fatigue 6/10***	***Pourvu que mon travail marche ! (Crainte de ne pas faire le chiffre d'affaires.)*** ***6/10***	***Je pense que je pourrai réaliser mon chiffre, comme d'habitude. Si ce n'est pas le cas, j'ai une bonne marge de manœuvre.*** ***9/10***	***Je me remets au travail plus calmement. Je suis plus sûr de moi.*** ***9/10***	***Plus calme, moins fatigué.*** ***Meilleurs résultats.*** ***9/10***

Jean-Marc, en travaillant de cette manière et régulièrement sur les pensées automatiques, a considérablement modifié sa manière habituelle de penser. Il se fait beaucoup moins de soucis pour son avenir, se sent plus calme et plus efficace.

En conséquence, les distorsions dans le traitement de l'information sont la règle ! Parfois, ces distorsions sont extrêmement importantes et lourdes de conséquences.

Par exemple, imaginons un mari jaloux. Chaque fois qu'un homme adresse la parole à son épouse, chaque fois que cette dernière sourit ou prête attention à un autre homme, ce mari se sent envahi par le doute et aura tendance à interpréter les faits. Il pourra se dire : « Ce type veut ma femme ! », « Je suis sûr qu'il lui plaît… », ou pire.

Nous dirons, dans ce cas, que le mari jaloux fait de l'**abstraction sélective**, autrement dit qu'il reçoit les informations, isolées de leur contexte, et uniquement en fonction de ses craintes d'être trompé.

▶ Les processus de distorsion

Il existe différents processus de distorsion, dont voici une présentation détaillée.

▷ *L'inférence arbitraire*

C'est une conclusion sans preuve. D'une certaine manière, toutes les distorsions de perception et d'interprétation sont des inférences arbitraires, mais chacune apporte une nuance supplémentaire. Ces inférences sont souvent des prédictions négatives, comme « Ça va mal se passer ! ». C'est ce que nous appelons l'effet « boule de cristal », mais une boule qui ne prévoit que le pire !

Ce sont aussi les certitudes sur ce que pensent les autres de nous-mêmes ou de nos comportements, comme « Ils me prennent tous pour un idiot ! ». Cet effet est nommé « télépathe », car il fonctionne comme si nous étions capables de lire dans l'esprit des autres.

▷ *L'abstraction sélective*

C'est une inférence arbitraire particulière et qui, comme dans l'exemple du mari jaloux, consiste à isoler une information de son contexte pour en tirer une conclusion généralement aggravante pour le stress.

Si une personne craint un mauvais jugement de la part de ses collègues, elle accordera plus d'importance à des petits faits, comme l'absence d'un sourire ou un ton de voix particulier, que si cette crainte n'existe pas.

C'EST FAUX !

« Si je pense quelque chose, ça doit être vrai ! »

Il est probable que la première personne à qui l'on ment est soi-même ! Par exemple, si un automobiliste est victime d'une crevaison, il pourra se dire : « Ce n'est pas possible, je n'ai vraiment pas de chance, il n'y a qu'à moi que ça arrive ! »
Pourtant, au même moment, il n'est certainement pas le seul à connaître le même problème.
La pensée est alors au service de l'émotion et sert à alimenter la colère ou le dépit.

Nous ne percevons pas les événements tels qu'ils sont, mais en fonction de ce que :
- nous craignons ;
- nous attendons ;
- nous sommes habitués à percevoir.

▷ *La minimisation et la maximalisation*

Ce sont des erreurs d'évaluation sur les autres et sur soi-même, très souvent commises. De manière générale, en cas de stress, une personne aura tendance à minimiser ses réussites et à maximaliser ses échecs.

« Je n'ai pas mené mon entretien correctement, je vais sûrement perdre le marché. Vraiment, en ce moment, je ne suis pas bon ! » et, chez la même personne : « Mon chiffre a augmenté ce mois-ci, mais c'est normal, je suis sûr que le mois prochain, je vais payer ça… Ça a trop bien marché pour que ça dure ! »

Ces deux exemples illustrent une minimisation des compétences personnelles et une maximalisation des problèmes. Il s'agit également d'une surgénéralisation et d'une personnalisation, ainsi que nous allons le définir plus loin.

Ce processus peut se mettre également en place par rapport aux autres et, dans ce cas, nous aurons tendance à minimiser les réussites et ce qui est bien fait (« Quand c'est bien, c'est normal, je ne dis que ce qui va mal ! ») et à maximaliser les erreurs ou les imperfections. Le risque est alors d'obtenir un résultat inverse de celui souhaité ; les personnes qui ne sont jamais ou peu encouragées dans leur travail peuvent se démotiver et se dire : « De toutes manières, il n'est jamais content, ce n'est donc pas la peine de se forcer ! »

▷ *La surgénéralisation*

Elle consiste à tirer des conclusions générales à partir d'un fait particulier : « J'ai raté mon examen. Vraiment, je suis nul ! »

▷ *La personnalisation*

Elle se traduit par le fait de ramener les événements à soi-même. C'est souvent le cas des sujets se sentant responsables de trop de choses : « Si le projet n'aboutit pas, c'est de ma faute ! »

▷ *La pensée dichotomique*

C'est penser en tout ou rien : « Tout ce que je fais doit être parfait ! »

Chacun d'entre nous utilise de manière habituelle certains processus plutôt que d'autres. Avec un peu d'entraînement, il est possible de bien mettre en évidence notre **style personnel** et de chercher **en quoi ces processus aggravent le stress.**

Dans un second temps, nous pouvons les modifier dans le sens souhaitable. Par exemple, si j'ai tendance à trop personnaliser, j'ai peut-être intérêt à évaluer la responsabilité des autres dans le contexte concerné, et à apprendre à déléguer certaines tâches.

▶ L'analyse des processus de distorsion

▷ *Les inférences arbitraires*

Elles sont à passer au crible de la « preuve ». Les questions suivantes sont une aide précieuse :

1. Quels sont les éléments pertinents qui prouvent ce que je me dis ? Existe-il des arguments contre mon hypothèse ?

2. Est-ce que je ne regarde pas dans la « boule de cristal » négative ?

3. Est-ce que je ne suis pas trop « télépathe » ? Est-ce que je crois que ce que les gens pensent de moi est un fait ou une interprétation ?

▷ *L'abstraction sélective*

Elle se corrige assez simplement en replaçant les événements dans leur contexte, puis en cherchant des alternatives aux interprétations habituelles.

Par exemple, si une personne de mon entourage est de mauvaise humeur, sa mauvaise humeur n'est pas nécessairement reliée à moi-même : elle peut avoir été contrariée auparavant, être préoccupée par quelque chose d'autre que ce que j'ai fait, ou simplement s'être « levée du pied gauche » !

▷ *La minimisation et la maximalisation*

Pour la minimisation des réussites et la maximalisation des échecs, il est intéressant d'inverser les propositions. Les petites phrases du type : « J'aurai pu faire mieux ! », « Ce n'est pas encore ça ! » recouvrent souvent une minimisation à repérer et à transformer de manière réaliste en se **renforçant** par un sentiment de satisfaction.

Renforcement : terme scientifique désignant une conséquence augmentant la probabilité de survenue d'un comportement. Par exemple, l'argent est un renforçateur de travail. Si je fais un travail rentable financièrement, il y aura plus de probabilités que je le continue que s'il ne rapporte rien !

Par exemple, après un travail terminé correctement, au lieu de me dire : « J'aurai pu faire mieux ! », car il est toujours possible de faire mieux, donc d'être insatisfait, je pourrais, à l'inverse, penser : « Voilà une bonne chose de faite, je peux en être satisfait ! Maintenant, je peux passer à l'étape suivante… »

La maximalisation des problèmes ou des erreurs a souvent un effet paralysant dû à un trop fort découragement. Ces derniers font pourtant partie de l'apprentissage : il est impossible de savoir faire avant d'avoir appris, donc sans erreurs ni échecs.

Savoir tirer profit de ses échecs et de ses erreurs, c'est les utiliser pour l'avenir. La méthode consiste alors à les analyser de manière objective, plutôt que de les subir émotionnellement. Cette façon de faire permet d'apprendre bien davantage : réussir est agréable mais enseigne peu, échouer est désagréable mais peut être très rentable. Donc, autant en profiter, cela nous rendra beaucoup moins vulnérables et capables de mieux réagir.

Quand minimisation et maximalisation concernent la manière dont je perçois le comportement des autres, la méthode est similaire. Il est intéressant de se demander si le fait de trop critiquer chez les autres ce qui ne va pas et de moins positiver ce qui va bien est vraiment rentable ! Les effets les plus nocifs de ces critiques sont, la plupart du temps, du découragement ou de la crainte, et cela peut beaucoup diminuer l'efficacité de l'autre.

Apprendre à renforcer les résultats des autres permet de faire des critiques plus constructives et plus efficaces. Une meilleure

C'EST FAUX !

« Être insatisfait est un moteur pour réussir. Si je suis content de moi ou des autres, je n'aurai plus envie de progresser ! »

Être content de soi et des autres peut, au contraire, beaucoup motiver pour progresser et avoir envie de plus : il faut arroser ce qu'on désire voir pousser ! Si j'arrose l'insatisfaction, c'est l'insatisfaction qui poussera.

ambiance de travail n'est pas synonyme de laisser-aller, elle fait l'objet d'un investissement personnel de chacun. Elle peut contribuer considérablement à augmenter la productivité.

▷ *La surgénéralisation*

Certaines pensées, comme : « Tout va mal ! », « Il n'y a rien de bon ! », correspondent souvent à la surgénéralisation. Des conclusions globales sont tirées à partir d'événements particuliers. Si chacune de nos erreurs ou chacun de nos échecs entraîne une remise en question totale, il est probable que notre confort de vie et notre efficacité s'en ressentent. Il est utile alors de ne « pas jeter le bébé avec l'eau du bain » et de se construire une manière plus réaliste de voir les choses. Des questions comme : « Quel est exactement le problème ? » « Quelles en sont très précisément les conséquences ? » « Est-ce que ce que je me dis est une impression ou un fait concret ? » permettent de se faire une meilleure idée de la situation telle qu'elle est.

▷ *La personnalisation*

Elle apparaît souvent quand nous nous culpabilisons, ou bien quand nous ne déléguons pas assez les tâches à accomplir. Les phrases suivantes ne sont alors pas rares : « Si le projet ne marche pas, c'est entièrement de ma faute ! », « Je dois absolument tout vérifier ! », « Sans moi, l'entreprise est foutue ! », « Il faut que je fasse travailler beaucoup plus les enfants. S'ils ont de mauvaises notes, c'est de ma faute ! »

Dans ce cas, la technique consiste à réattribuer les responsabilités et les devoirs de manière réaliste, en se posant ce type de questions : « Est-ce que je suis l'unique responsable ? », « N'ai-je pas tendance à trop prendre de choses et de personnes en charge ? », « Est-ce un service à rendre aux autres de faire les choses à leur place ? »

▷ *La pensée dichotomique*

Elle est très répandue. Voir les choses en tout ou rien fait partie des habitudes de beaucoup d'entre nous avec un discours intérieur (et extérieur…), comme celui-ci : « Ou ça passe ou ça casse… », « Ou bien je suis totalement libre de faire ce que je veux ou je m'en vais ! », « Ça doit être parfait ou ne pas être ! »

La question importante est alors de savoir quel est le coût de cette conception des choses, et si elle ne diminue pas la marge de manœuvre souvent utile dans notre travail et notre vie relationnelle.

Tous les processus de pensée ne sont pas, bien sûr, mal adaptés et ne nécessitent donc pas un travail de modification. La meilleure manière de faire est tout d'abord de repérer ceux que nous employons le plus, et dans quelles conditions ils sont avantageux, ou désavantageux et coûteux. Dans ce dernier cas seulement, il est intéressant de les modifier. De manière générale, un processus trop fréquent ou trop rigide sera mal adapté et source de stress : « Dans la règle chercher l'abus », dit Berthold Brecht.

RÉSUMÉ

La restructuration cognitive

La façon dont la pensée s'organise, dont nous percevons les choses, soi-même, les autres et l'avenir, joue un rôle décisif dans l'entretien du stress. Prendre conscience de ses pensées automatiques et apprendre à les modifier dans un sens plus réaliste permettent de rompre le cercle vicieux entre émotions et pensées, de mieux préparer l'action. La **méthode socratique** appliquée de manière répétitive aux **pensées automatiques** est un bon moyen pour atteindre cet objectif et surtout le maintenir, de même que la modification des processus cognitifs sous-jacents. C'est la **restructuration cognitive**, fortement inspirée de la **thérapie cognitive** mise au point par le professeur A. T. Beck de l'université de Philadelphie.

Exemple : **Monique**, est standardiste à temps plein dans une grande entreprise. Elle a deux enfants en âge scolaire et pratiquement toute la charge des travaux ménagers, son mari étant souvent absent.

Quelques analyses fonctionnelles en cercles vicieux mettent en évidence les pensées automatiques et leurs relations avec les émotions, les comportements et les conséquences.

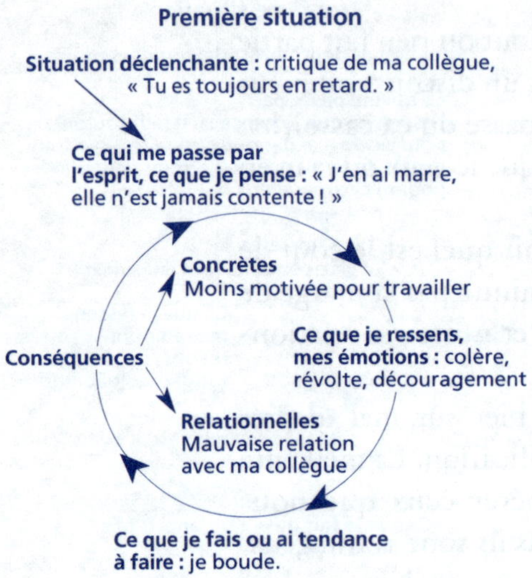

Pour la première situation, la pensée automatique est :

« J'en ai marre, elle n'est jamais contente ! »

Si la pensée est replacée dans le contexte habituel, il s'agit d'une **surgénéralisation**. En effet, la collègue de Monique a des mouvements d'humeur, mais, la plupart du temps, elle est plutôt agréable à vivre.

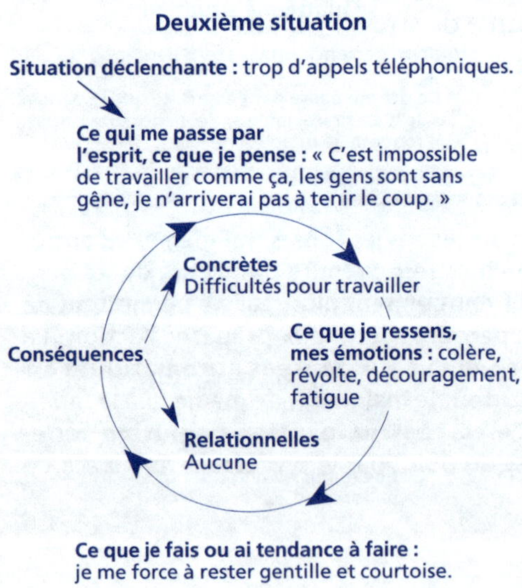

La deuxième situation correspond à : « C'est impossible de travailler comme ça, les gens sont sans gêne, je n'arriverai pas à tenir le coup ! »

– « C'est impossible de travailler comme ça » est une **pensée dichotomique** (en tout ou rien) ;

– « les gens sont sans gêne » est une **surgénéralisation** ;

– « Je n'arriverai pas à tenir le coup » est une **inférence arbitraire** de type « boule de cristal ».

Les pensées automatiques correspondant à la **troisième situation** sont :
« Il faut toujours les pousser, je n'ai pas que ça à faire, ils le font exprès, je ferais mieux d'arrêter de travailler pour m'occuper d'eux. »

– « Il faut toujours les pousser, je n'ai pas que ça à faire, ils le font exprès » est une **surgénéralisation** ;
– « je ferais mieux d'arrêter de travailler pour m'occuper d'eux » est une **personnalisation**.

Troisième situation

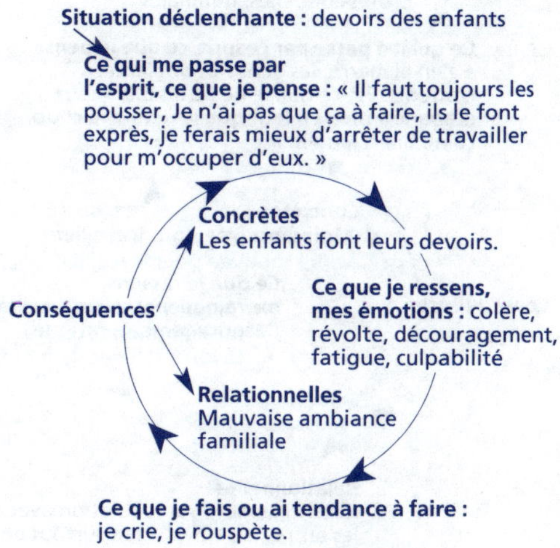

Pour la quatrième situation, les pensées automatiques sont :
« Je n'en finirai jamais, c'est encore la pression, il faut que je m'accroche ! »

– « Je n'en finirai jamais » est une **inférence arbitraire** du type « boule de cristal »;
– « c'est encore la pression, il faut que je m'accroche ! » une **personnalisation**.

Quatrième situation

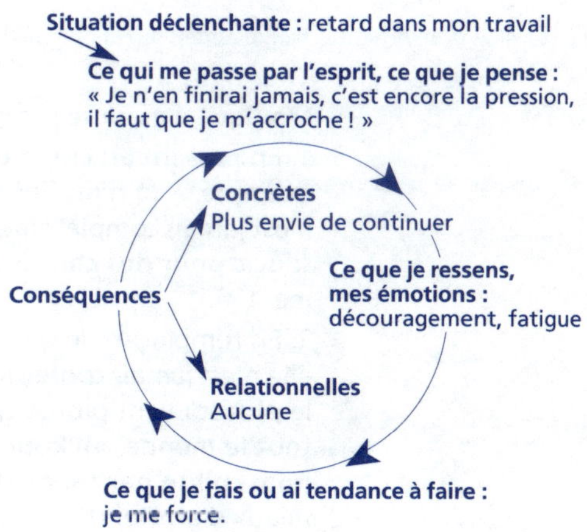

Analyse fonctionnelle récapitulative

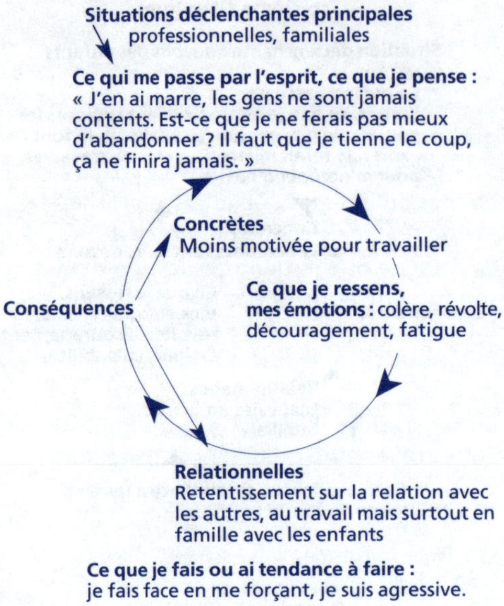

L'analyse fonctionnelle récapitulative résume les principaux processus en jeu : « J'en ai marre, les gens ne sont jamais contents. Est-ce que je ne ferais pas mieux d'abandonner. Il faut que je tienne le coup, ça ne finira jamais » correspondent à des **inférences arbitraires**, une **surgénéralisation** et une **personnalisation**.

Ces trois processus se sont révélés être les plus employés par Monique dans l'ensemble des pensées automatiques qu'elle a pu relever dans différentes circonstances de sa vie.

Ils aggravaient considérablement le stress quotidien en mettant toute action « sous pression » et dans l'urgence.

Monique a modifié progressivement ses processus de pensée :

1. En passant au crible de la réalité concrète les inférences arbitraires (par exemple, « Je n'en finirai jamais ! » est devenu « De toutes manières, rien n'est jamais complètement terminé, mais, en général, je me fais beaucoup de soucis pour des choses que j'arrive très bien à faire, donc autant me calmer ! »).

2. En remplaçant le général par du spécifique (par exemple, « J'en ai marre, elle n'est jamais contente ! » est devenu « Je généralise trop… Bernadette est le plus souvent plutôt sympa, même s'il lui arrive d'être mal lunée, comme tout le monde. »). Pour les personnalisations, en relativisant sa propre responsabilité par rapport aux tâches à accomplir (par exemple, « Je ferais mieux d'arrêter de travailler pour m'occuper d'eux » est devenu « Arrêter de travailler entraînerait beaucoup de problèmes matériels et probablement me manquerait… Il est normal que les enfants n'aiment pas travailler et préfèrent jouer ; il suffit que j'insiste un peu, plutôt que de tout faire avec eux ; d'autre part, leurs résultats scolaires ne sont pas si mauvais… »).

L'habitude de repérer les processus nocifs et de les corriger s'est établie en quelques mois de manière automatique et cela a considérablement amélioré l'état de stress. Monique a pratiqué aussi régulièrement la relaxation rapide. Elle est devenue, de manière générale, plutôt calme et maintenant cela fait trois ans que le travail est terminé. Elle utilise son énergie pour une meilleure résolution des problèmes de sa vie.

EXERCICE

Pratiquer la méthode de restructuration cognitive

A – Repérez une **situation stressante**, de préférence pas trop difficile pour commencer l'entraînement.

Imaginez cette situation telle que vous l'avez vécue.

1. Quelles sont vos émotions et réactions corporelles ?

2. Que vous passe-t-il par l'esprit ?

3. Quels comportements avez-vous tendance à adopter ?

4. Quelles sont les conséquences probables ?

B – Utilisez une feuille à six colonnes ou un cercle vicieux et reportez vos observations.

1. Quelle est l'intensité de vos émotions sur une échelle de 0 à 10 ?

2. À quel degré sur l'échelle de 0 à 10 croyez-vous dans ce que vous vous dites à vous-même ?

3. Quelle est l'efficacité, de 0 à 10, du comportement que vous mettez en place ?

4. Quels sont les processus principaux de pensée que vous employez ?

C – Utilisez une feuille à six colonnes et, à l'aide des questions suivantes, construisez une pensée modifiée.

1. « Si ma croyance n'est pas de 10/10, pourquoi ? »

2. « Est-ce que mes pensées sont un fait précis ou une interprétation des faits ? »

3. « Existe-t-il une alternative à chacune de mes pensées, et quelle est la probabilité de réalité de chaque alternative ? »

4. « Est-ce que je tiendrais le même raisonnement pour une autre personne ? Est-ce que je ne me juge pas plus sévèrement que je ne le ferais pour quelqu'un d'autre ? »

Enfin, évaluez l'impact émotionnel de votre travail ainsi que l'efficacité du nouveau comportement que vous adopterez.

D – Recommencez l'exercice le plus souvent possible, mais sans esprit de performance. La répétition fréquente sera plus rentable que l'effort !

E – Si vous avez des difficultés, demandez-vous :

1. « Est-ce que je ne vais pas trop vite, ne suis-je pas trop pressé, est-ce que je ne veux pas être arrivé avant d'être parti ? »

2. « Ai-je assez utilisé la méthode de relaxation rapide afin d'avoir un niveau émotionnel assez bas pour travailler sur ma pensée ? »

chapitre

5

Savoir positiver

Comme nous l'avons vu dans le chapitre précédent, quand nous sommes pris dans le rythme quotidien, toute notre attention est centrée sur ce qui reste à faire plutôt que sur ce qui a été déjà accompli ; le sentiment d'urgence prédomine !

La récolte devient alors celle du stress et non pas du bénéfice de notre action : ce qui est fait ne compte pas, ce qui reste à faire prend toute la place !

Il est très important, comme le démontrent, depuis les années soixante, de nombreuses études scientifiques, de **se renforcer de manière réaliste, c'est-à-dire de voir ce qui est réussi, plutôt que de voir seulement ce qui a échoué**. Quand on se focalise sur ses échecs, l'habitude de ne « jamais être content » s'installe avec son cortège de souffrances, pour soi-même et pour les autres. On obtient comme résultat une augmentation du stress, du découragement et du sentiment d'insatisfaction. En France, nous avons souvent l'habitude de tourner en dérision le « positivisme » anglo-saxon,

C'EST FAUX !

« Être content de soi est dangereux : si je fais de l'autosatisfaction, je n'avancerai plus ! »

Être satisfait de son travail augmente l'efficacité et l'envie de faire : arroser ce que nous désirons voir pousser est toujours une bonne chose !

mais le fait de percevoir surtout ce qui ne va pas et « comment ça ne va pas marcher », plutôt que « comment ça va marcher », est probablement bien moins rentable et plus douloureux.

Prendre l'habitude de se renforcer de manière réaliste diminue les tensions émotionnelles, dédramatise l'urgence et permet de mieux faire face.

Plusieurs méthodes de renforcement sont possibles. Dans chacune d'elles, il s'agit de « positiver » un élément réaliste et précis. Il faut se méfier de se complimenter de manière exagérée ou disproportionnée par rapport à une tâche réalisée (bien que cela entraîne en fait peu de conséquences négatives…) ou bien de se renforcer de manière générale et vague plutôt que de façon spécifique.

Par exemple, pour une secrétaire rédigeant du courrier toute la journée, un compliment exagéré pourrait être : « C'est formidable d'avoir tapé cette lettre, je suis particulièrement contente ! » Il s'agit, dans ce cas, d'une autosatisfaction disproportionnée… Les conséquences nocives restent malgré tout réduites. Si la secrétaire en question se disait : « Ces lettres que je fais toute la journée sont idiotes et j'en ai marre ! », la dose de nocivité serait décuplée, car le risque n'est en fait pas dans l'autosatisfaction mais dans l'insatisfaction. Le renforcement par rapport à cette lettre serait simplement : « Encore une lettre bien faite, je commence à savoir faire ! » Ce type de petites phrases ne peut pas faire de mal et n'empêche pas d'essayer d'améliorer encore plus la performance.

Un compliment général et vague pourrait être : « Tout est formidable dans mon travail ! » D'abord, ce n'est probablement pas vrai, ensuite, il n'est pas sûr que dire cela soit d'une aide précieuse quand une difficulté surgit. Il vaut mieux repérer ce qui est positif dans une activité précise ou dans les résultats de cette activité. Par exemple, une personne peut se dire : « Tu t'es très bien débrouillé avec le patron. Bravo, le projet risque de passer. » Il est d'ailleurs encore plus intéressant de bien se préciser à soi-même ce qui a été positif : « Tu as su être à l'aise, parler clairement sans t'emmêler les pensées, écouter quand il le fallait. Le patron a pu voir que tu maîtrises bien le problème et je pense que c'est ça qui a marché ! » Dans ce cas, les précisions améliorent considérablement l'impact du renforcement.

Les principaux moyens de renforcement sont les suivants :

DRESSER UN BILAN POSITIF DE SES ACTIONS

Après chaque problème résolu, chaque action, prenez l'habitude de dresser un bilan du positif : ce qui a bien marché. Même lorsqu'il y a un échec, vous pouvez en tirer profit : l'apprentissage procède en effet beaucoup des essais et des erreurs, et on devient probablement un meilleur « ouvrier » avec de l'expérience. Il serait dommage de ne pas tirer les leçons de nos actions afin d'améliorer la performance ultérieure. Autrement, le découragement risque de paralyser le processus.

Le bilan positif avant les changements importants

Quand nous nous sentons insatisfaits d'une situation et que nous avons tendance à penser qu'un changement important de direction s'impose (par exemple, changer de travail, de lieu de vie... et même parfois de conjoint !) :
– il est utile de commencer par faire une liste de tout ce qui va bien et de ce dont nous pouvons être contents sur nous-mêmes, les autres et le contexte ;
– il est inutile d'essayer de « nous convaincre » que tout va mal, car les changements les plus réussis se construisent sur du positif et les envies et non sur du négatif ;
– il faut nous accorder le droit de suivre nos envies de changement sans dénigrer ce que nous laissons derrière, au risque de le regretter et donc de stresser.

SAVOIR RELATIVISER LES CONSÉQUENCES

Nous avons souvent tendance à maximaliser les conséquences négatives et à minimiser les conséquences positives de notre action. La réalité concrète suffit ! Elle est souvent d'ailleurs bien moins pénible que nos fantasmes ou nos anticipations négatives. Alors, autant dire les choses telles qu'elles sont plutôt que de façon pessimiste… ou même optimiste !

ÊTRE SATISFAIT DE LA RÉALISATION DES OBJECTIFS ATTEINTS

Souvent, nos buts sont atteints et même parfois dépassés. Pourtant, nous continuons à ne pas être satisfaits : « Ça aurait pu être mieux ! » Trop de perfectionnisme diminue l'efficacité et décourage. Le stress augmente au fur et à mesure que nous ne savons pas profiter des « récoltes ».

Repérer ses pensées automatiques négatives, avec les méthodes décrites plus haut, et les remplacer par des pensées plus réalistes est alors une bonne façon de procéder. Dans ce cas, il est intéressant d'accorder une attention particulière aux pensées en tout ou rien (par exemple, « Si ce n'est pas parfait, ça ne vaut rien ! ») ou exclusives (par exemple, « Si je suis stressé, je suis dans le coup et efficace, si je me repose, je vais perdre pied. »). Pour les pensées en tout ou rien, toujours se demander s'il s'agit d'une opinion personnelle ou d'un fait. Nous avons tendance en effet à prendre nos impressions pour la réalité et à ne pas vérifier si la proposition de base de notre raisonnement est vraie. Les choses imparfaites ne sont pas obligatoirement sans valeur : même les pyramides d'Égypte ne sont pas parfaites, et, en fait, rien n'est réellement parfait. Cela n'empêche pas de réaliser de grandes choses.

Pour les pensées exclusives, la méthode consiste à se demander si les deux propositions s'excluent réellement. Dans l'exemple, on peut se demander si le fait de se sentir reposé et calme empêche autant que cela l'efficacité, et, d'autre part, si ce calme n'est pas une condition nécessaire pour être actif et profiter de la partie positive du stress. Avoir les deux outils dans sa boîte (calme et efficacité) n'est pas si contradictoire, mais, au contraire, a une dimension complémentaire.

FAIRE LE BILAN POSITIF DE SA JOURNÉE

La journée peut être considérée comme une unité de temps de vie. Elle a un début, un déroulement et une fin. Elle est ponctuée par les repas, les rendez-vous et comprend donc une alternance d'activités différentes et répétitives. Il est très important de faire de chaque journée une « petite vie » et de profiter au maximum de toutes les choses qui se présentent, petites ou grandes. Notre tendance étant d'être plutôt centrés sur les problèmes et le désagréable, tous les « bons côtés » ne sont pas assez mis en évidence et la « récolte » ne se fait pas ! À quoi cela sert-il alors de semer ? Il ne viendrait pas à l'idée d'un agriculteur de ne pas moissonner son blé après avoir tant travaillé pour le faire pousser ! C'est pourtant ce que fait quelqu'un qui ne profite pas de chaque journée. Cette « mauvaise habitude » de ne penser qu'aux difficultés, aux risques, d'anticiper les problèmes du lendemain et du surlendemain rend bien sûr la vie inconfortable, mais, de plus, accélère considérablement le temps subjectif. « Le temps passe trop vite », « Je ne me suis pas vu vieillir », « Je n'ai pas vu grandir mes enfants » sont des phrases que nous entendons souvent.

Apprendre à habiter chaque journée, à en profiter au maximum, et à pouvoir en faire un bilan positif chaque soir ne diminue en rien l'efficacité dans le travail et améliore considérablement la qualité de vie. Pour cela, il est intéressant d'utiliser la méthode de l'agenda (décrite au chapitre 6), en l'aménageant en fonction des côtés agréables de la journée. Il s'agit de programmer, la veille pour le lendemain, des moments agréables ou intéressants, liés ou non à l'activité professionnelle.

Ne pas hésiter à marquer les choses « banales » auxquelles on ne pense plus, comme admirer un tableau au mur de son bureau, profiter d'un trajet en voiture pour écouter un morceau de musique, discuter avec un collègue, téléphoner à sa famille, faire un exercice de relaxation rapide, contempler un paysage ou visiter un monument, fréquenté par tous les étrangers, mais que nous n'avions jamais vu…

En cours de journée, renforcer tous les bons moments, tous les bons résultats obtenus.

En fin de journée, reprendre l'agenda de façon à en faire un bilan positif. C'est souvent un moment de détente presque toujours bien meilleur que les activités « automatiques » comme regarder la télévision, retarder l'heure du coucher ou ruminer sur le lendemain.

Il est alors temps de mettre au point l'agenda du lendemain. Une fois l'habitude prise, vous serez surpris de vous sentir heureux de beaucoup de petits moments et la rentabilité professionnelle en sera améliorée.

Exemple : **Marie** est secrétaire dans une entreprise commerciale. Presque tout est urgent dans son activité et ce qui compte, c'est ce qu'elle n'a pas encore fait !

Elle n'envisage donc son travail qu'en fonction des difficultés, des erreurs et de ce qui est à faire.

L'ambiance générale dans son entreprise se situe d'ailleurs davantage dans la critique que dans le compliment. Après quelques années de métier, Marie se sent tendue toute la journée et a un sentiment de « vide » et d'activité automatique : à quoi ça sert de tant travailler… si c'est pour n'être jamais satisfaite et ne jamais percevoir la satisfaction chez les autres ?

Nous avons, dans un premier temps, noté avec Marie la quantité de travail d'une journée et les résultats obtenus, à l'aide de deux colonnes : une colonne « positive », ce qu'elle a réussi à faire correctement, et une colonne « négative », ce qu'elle a raté. La colonne positive a été plus rapidement remplie que la négative. Marie a pu observer qu'en fait, elle n'était jamais contente de ce qu'elle faisait. Elle ne recueillait jamais les fruits de son travail et avait toute son attention centrée sur ce qui restait à faire. Cela expliquait son découragement.

Dans un second temps, nous avons repris chacune des tâches réalisées et mis en place un renforcement réaliste de la réussite. Assez rapidement, Marie a pu surmonter ses craintes de « l'autosatisfaction » et se rendre compte que se complimenter soi-même sur les choses bien faites améliorait considérablement son confort de travail. Elle a ensuite pris l'habitude de renforcer de la même manière ses collègues de travail, et constaté après quelques mois que toute l'ambiance du bureau avait changé. Elle se lève maintenant contente d'aller travailler !

SAVOIR RENFORCER LES AUTRES

Notre culture est pessimiste. Nous avons trop souvent tendance à faire remarquer aux autres ce qui ne va pas plutôt que ce qui va bien, et pourtant, dire ce qui va bien est particulièrement rentable pour améliorer :

– l'efficacité des actions ;

– l'ambiance relationnelle.

Ceci dans tous les domaines de sa vie (affectif, amical, professionnel…). Dans une équipe, dans un bureau, une seule personne bien entraînée à positiver les actions des autres peut modifier considérablement le « climat relationnel », et ainsi rendre le travail beaucoup plus agréable et productif.

Comment faire ? Tout d'abord, il nous faut tenir compte d'un fait très fréquent : **faire des compliments stimule souvent la méfiance de notre interlocuteur** et la tendance spontanée sera alors de le refuser ou de le minimiser. En retour, cela ne nous encourage pas à recommencer !

Nous ne sommes pas habitués à nous renforcer positivement, mais beaucoup plus à nous critiquer mutuellement (un compliment nous paraîtra d'ailleurs souvent suspect).

Dans l'exemple qui suit, Sylvie complimente Gérard sur son travail. Entre crochets sont inscrites des pensées typiques dans cette situation.

Exemple : **Sylvie** : « Super ton compte rendu concernant l'avancement du dossier x ! »
Gérard : [« Pourquoi est-ce qu'elle me dit ça ? Bizarre ! »] « Oh, tu sais, ce n'était pas si difficile ! Il ne faut pas exagérer ! »
Sylvie : [« Il n'est jamais content ! »]

Gérard minimise le compliment de Sylvie. Cela n'encourage certainement pas cette dernière à insister ou à recommencer.

Pour contourner cette difficulté, il est important de :

1. ne faire que des compliments tout à fait authentiques et réalistes : « Je ne dis que ce que je pense vraiment. » ;

2. tenir compte de l'aptitude de notre interlocuteur à recevoir des compliments. S'il est méfiant, la façon de dire est primordiale et doit respecter les principes de l'affirmation de soi[1] :

a. demander l'autorisation : « Est-ce que je peux te faire un compliment ? »,

b. révélation sur soi : « Tu sais, ce que je vais te dire, je le pense vraiment ! »,

c. verbaliser précisément et directement le compliment,

d. persister si c'est nécessaire,

e. terminer chaleureusement ;

3. savoir insister, continuer à renforcer, jusqu'à ce qu'une nouvelle habitude soit prise.

Exemple : **Nathalie** qui aime les gens…
Nathalie est aide-soignante dans un service médical. Elle est en contact avec beaucoup de monde : les malades, les infirmières, les médecins, les autres aides-soignantes, les dames de service, etc. Très gentille, elle trouve toujours les « bonnes paroles » et tout le monde s'accorde à dire que, sans elle, l'ambiance serait certainement moins bonne, ce qui était d'ailleurs le cas avant son arrivée, deux années auparavant.

RÉSUMÉ

Le renforcement

« La critique est aisée, l'art est difficile. » Nous sommes souvent habitués à ne donner de l'importance qu'à ce qui ne va pas et à considérer ce qui va bien comme « normal ». Cela a pour conséquences de renforcer ce qui ne va pas et de diminuer ce qui va bien !
De nombreuses études scientifiques ont démontré que **le renforcement positif est d'une grande efficacité pour favoriser l'apprentissage et les résultats positifs d'un travail,** alors que les critiques négatives trop fréquentes augmentent le découragement et diminuent les gains : « Arroser ce que je désire voir pousser, plutôt que ce que je crains » est donc très rentable. La méthode consiste à dresser un bilan positif de sa journée et à relativiser les objectifs atteints, pour engendrer de l'autosatisfaction qui nous portera de l'avant.

1. C. Cungi, *Savoir s'affirmer*, Paris, Retz, 2002 pour la nouvelle édition.

EXERCICE

Pratiquer le renforcement

Reprendre la journée ou la demi-journée qui vient de s'écouler, activité par activité. Évaluer pour chaque activité le niveau de réussite sur une échelle de 0 à 10 : 0 si c'est complètement raté, 10 si le résultat est très bon.

1. Si la plupart des notes sont inférieures à 6, demandez-vous si vous noteriez aussi sévèrement un ou une collègue de travail que vous aimez bien.

2. Attribuez-vous ensuite les notes que vous accorderiez à votre collègue pour les mêmes activités.

3. Reprendre les activités notées au-dessous de 6 et cherchez pour chacune un renforcement réaliste. Répétez ce renforcement plusieurs fois (la critique négative n'ayant elle-même pas « peur de la répétition »).

Pour chacune des tâches, relativisez ensuite de manière réaliste sur les conséquences.

1. Est-ce que je ne dramatise pas trop ?

2. Est-ce que je ne maximalise pas trop les inconvénients ?

3. Est-ce que je ne minimise pas les avantages ?

4. Est-ce que je ne perçois pas trop uniquement ce que je crains ?

5. N'ai-je pas tendance à généraliser le négatif ?

6. Renforcez chaque résultat positif, même les plus minimes, afin de vous « entraîner ».

7. Faites un bilan positif général de la journée écoulée. Relisez ce bilan plusieurs fois.

8. Préparez la journée suivante en mettant au programme de profiter de tous les bons moments et de renforcer toutes les activités.

9. Recommencez chaque jour jusqu'à ce que l'habitude se mette en place et évaluez le résultat général en terme d'efficacité de travail et d'amélioration de la qualité de vie.

10. Faites ces exercices si possible par écrit, en considérant qu'il s'agit d'un apprentissage.

Apprenez à renforcer les autres, dans les différents domaines de votre vie.

1. Au niveau de votre famille :

– Que voudriez-vous « ne pas voir changer » chez votre conjoint, vos enfants, vos parents ?

Observez les choses que vous appréciez, faites-en une liste écrite.

– Vérifiez bien que chaque point de cette liste est « vrai », que vous pensez réellement ce que vous avez noté.

– Commencez par verbaliser les compliments qui vous paraissent les plus faciles à faire.

– Répétez si cela est nécessaire.

– Recommencer souvent.

2. Faites de même avec vos collègues de travail, vos amis.

3. Évaluez les résultats après un mois d'entraînement. Vous constaterez certainement un bénéfice important.

partie
3

Comment agir sur le stress ? Le temps et les difficultés

chapitre

6

Savoir gérer son temps

Se plaindre que les événements se précipitent, de manquer de temps est monnaie courante quand on est stressé. Le temps va trop vite, il n'y en a jamais assez, et pourtant nous avons souvent tendance, paradoxalement, à en perdre beaucoup pour essayer d'en gagner, surtout quand nous sommes pris dans l'urgence !

Parfois, il serait bien plus bénéfique de se détendre, de se reposer ou de pratiquer un loisir plutôt que de refaire plusieurs fois la même chose de manière inefficace. Seulement, dans la précipitation, nous préférons souvent continuer notre activité par crainte de manquer de temps.

Il est vrai qu'une journée comporte vingt-quatre heures seulement et pas une de plus ! Le temps est donc précieux et ne se rattrape jamais, il se contente de passer. Organiser ses journées, savoir profiter de chaque instant disponible sont non seulement nécessaires mais participent de la qualité de notre vie.

Les méthodes suivantes permettent une bonne gestion du temps, autrement dit un « bon rapport qualité/prix » entre l'effort fourni, le temps passé et le résultat obtenu.

LA TECHNIQUE DE L'AGENDA

Il s'agit d'une méthode très simple consistant à créer, le soir, un agenda, heure par heure, **raisonnablement réalisable**, pour la journée du lendemain. En s'organisant de cette manière, il devient plus facile d'être moins soucieux pour tout ce que nous avons à faire et donc de mieux profiter de la soirée présente. D'autre part, avoir une série de tâches déjà prévues permet de ne pas trop tergiverser le matin pour le choix des activités et donc de démarrer plus vite. Le gain en organisation et en temps peut être considérable. Cela se traduit par plus d'efficacité et moins de stress.

Deux points sont à considérer : **prévoir l'imprévu et les alternatives :** si un imprévu survient, et que celui-ci est prioritaire, l'ensemble de l'agenda sera décalé ou même annulé ; les alternatives sont les activités de remplacement si une des tâches de l'agenda ne peut être envisagée. Une ou des alternatives seront donc inscrites dans l'emploi du temps de la veille.

Les rubriques : « Conduite à tenir quand une tâche imprévue et prioritaire se présente » et « Alternatives si une activité de l'agenda est impossible à réaliser » évitent les pertes d'énergie et de temps, le cas échéant.

L'emploi du temps de la journée pourra être revu juste avant la mise au point de l'agenda suivant, par l'évaluation de la **maîtrise** dans la réalisation de l'activité prévue, et du **plaisir** ressenti. Une échelle de 0 à 10 est commode pour noter chacun des points. Cette évaluation permet de faire la « récolte de la journée », autrement dit de **pointer ce qui a été réalisé plutôt que ce qui n'a pas**

EXERCICE

S'entraîner à la méthode de l'agenda

1. Notez de manière précise chacune des tâches principales pour le lendemain en évaluant bien le temps nécessaire pour l'accomplir. Ne notez pas d'activités impossibles à réaliser ou trop imprécises.

2. Rangez les tâches par ordre d'importance et écrivez-les dans l'agenda heure par heure.

3. Le lendemain, suivez l'agenda en utilisant les méthodes « une tâche à la fois » et « l'ici et maintenant » (méthodes présentées ci-après).

4. Le soir, notez la maîtrise et le plaisir ressenti pour chaque activité de 0 à 10.

encore été fait, et donne des informations précieuses pour les activités du lendemain. Vous pourrez alors favoriser un maximum de tâches agréables !

Exemple : Mireille ne savait pas par quel bout commencer sa journée. En général, elle faisait plusieurs choses à la fois et perdait beaucoup de temps et d'énergie à aller d'une tâche à l'autre. Elle finissait par s'énerver, car elle n'allait au bout de rien. Elle a appliqué avec succès la méthode de l'agenda. Chaque soir, elle préparait pour le lendemain une liste des choses à faire, en les triant en fonction de leur importance. À la fin de la journée, elle évaluait la maîtrise et le plaisir ressenti pour chaque activité. Mireille s'est rapidement aperçue qu'elle a ainsi beaucoup moins de mal à démarrer ses activités, et qu'elle se sent bien moins dépassée par l'ampleur des tâches à faire, d'autant

Vendredi	Activités	Maîtrise	Plaisir
6 h 45	Lever, préparer le petit déjeuner, les vêtements des petits	10/10	3/10
7 h	Petit déjeuner avec les enfants	9/10	8/10
7 h 30	Départ pour l'école	7/10	4/10
8 h	Retour à la maison, prendre un café	10/10	10/10
8 h 30	Faire les lits, ranger les chambres	10/10	8/10
9 h 30	Passer l'aspirateur dans tout l'appartement	10/10	8/10
10 h	Ranger la salle de bains	8/10	5/10
10 h 30	Mettre en route le repas	8/10	4/10
11 h 30	Aller chercher les enfants à l'école	10/10	8/10
12 h	Mettre la table, déjeuner	10/10	9/10
13 h	Jouer et travailler avec les enfants	8/10	10/10
13 h 30	Les amener à l'école	10/10	3/10
14 h	Vaisselle, ranger la cuisine	10/10	3/10
14 h 30	Repos, TV	10/10	10/10
15 h	Repassage	8/10	6/10
16 h	Aller chercher les enfants	10/10	10/10
16 h 30	Goûter	8/10	10/10
17 h	Devoirs	7/10	5/10
18 h	Préparation du repas	8/10	6/10
19 h	Repas	8/10	10/10
19 h 30	Toilette des enfants	7/10	6/10
20 h	Mise au lit	6/10	6/10
20 h 30	Vaisselle, préparation du linge pour le lendemain	10/10	8/10
21 h	Soirée avec mon mari, Scrabble Si j'ai du temps de libre, couture.	10/10	10/10

plus qu'elle n'inscrit dans son agenda que le réalisable et non pas tout ce qu'il y aurait à faire.
Elle perd également moins de temps, durant la soirée, à « ruminer » sur sa journée du lendemain.
Depuis, elle ne fait plus d'agenda par écrit quotidiennement, mais le mouvement est lancé, les choses se mettent en place automatiquement. Dans les périodes plus difficiles, préparer par écrit quelques agendas, remet « le mécanisme » en route.

RÉSUMÉ

L'agenda

Mettre au point un agenda chaque soir pour le lendemain, heure par heure, permet d'avoir un plan pour la journée, de démarrer plus facilement, car ce qui doit être fait est prévu.
Le gain en temps et en organisation peut être très précieux.
Il devient alors plus facile de se faire moins de soucis pour le lendemain en prévoyant les activités plutôt qu'en les ruminant.
En cas de **tâche imprévisible**, mais prioritaire, l'ensemble de l'agenda peut être décalé. Si une des activités ne peut être réalisée, il est intéressant de prévoir des **alternatives**.
L'évaluation de la **maîtrise** et du **plaisir** ressenti par rapport à chaque activité permet de faire la « récolte » de la journée écoulée, sous forme d'un bilan. C'est utile pour **se renforcer** : voir ce qui a été fait et pas uniquement ce qui ne l'a pas été, et pour préparer l'agenda suivant.

LA MÉTHODE « UNE TÂCHE À LA FOIS »

Quand nous avons une tâche à accomplir… parmi beaucoup d'autres, nous avons tendance à essayer de toutes les réaliser à la fois, ou bien à avoir l'esprit occupé par l'ensemble de ces dernières.

Le plus souvent, cela aboutit à un mauvais résultat, une perte de temps et un surplus de stress et d'irritabilité.

En se concentrant sur l'activité en cours, le sentiment de précipitation diminue, l'efficacité augmente. Le gain de temps est sensible et il devient possible d'envisager plus de choses et plus sereinement. Prendre cette habitude : « une seule activité à la fois », est donc particulièrement rentable.

▷ *La démarche*

• La première étape consiste à prendre conscience des moments où nous avons tendance à entreprendre plusieurs choses à la fois ou bien, quand nous faisons une activité, à penser à plusieurs autres problèmes en même temps. La prise de conscience passe par le repérage des émotions : quand les sensations de précipitation, d'urgence ou d'énervement apparaissent ou s'accroissent, il est intéressant de se demander si nous n'essayons pas de traiter plusieurs problèmes à la fois ou bien si nous ne sommes pas en train de penser à tout ce qui nous reste à faire.

• La seconde étape est de pratiquer la relaxation, en utilisant les méthodes expliquées précédemment, de « se ralentir » durant quelques secondes, puis de fixer son attention uniquement sur la tâche en cours.

Un apprentissage préliminaire à la **concentration** ou à l'**attention dirigée** facilite l'application de la méthode. Cette technique est en effet un excellent outil de contrôle de la pensée. Si l'esprit « s'échappe » de nouveau, recommencez. Quand l'activité est terminée, dressez le bilan de ce qui a été réalisé avant de passer à un autre travail.

Comme pour les autres exercices, la progression et la répétition sont les clés pour acquérir une bonne habitude.

Exemple : **Jean-Jacques** est artisan plombier. Le jour où il est venu me consulter, il était submergé par les chantiers et les réparations à faire.

Tout en travaillant, il pensait à tout ce qui l'attendait : les devis en retard, le prochain chantier, les clients. Il avait de plus en plus tendance à entamer plusieurs choses à la fois. Le sentiment d'urgence et de précipitation était toujours présent. Jean-Jacques était devenu irritable, surtout en famille, et présentait une insomnie de plus en plus fréquente.

Après un apprentissage de la relaxation rapide, Jean-Jacques a commencé un entraînement systématique pour se concentrer uniquement sur la tâche en cours. Il s'est rapidement rendu compte qu'il gagnait ainsi beaucoup de temps et de confort ! Après trois mois d'exercice, « une chose à la fois » était devenue automatique.

EXERCICE

S'entraîner à la concentration et à l'attention dirigée

1. Fixez un objet quelconque et concentrez-vous dessus en le détaillant, jusqu'à ce que toute la pensée soit occupée par cet objet.

2. Recommencez le même exercice en imagination, les yeux fermés.

3. Réitérez l'exercice en vous concentrant sur le travail ou l'activité en cours.

C'EST FAUX !

Il ne faut pas être satisfait de ce qu'on a, afin d'avoir plus :
« Si je suis satisfait, je vais me contenter de ce que j'ai, donc il vaut mieux ne pas l'être ! »

• Pour être heureux, il faut surtout être capable de profiter du moment présent et non pas être centré sur les regrets de ce qu'on n'a pas.
• Être satisfait ne diminue ni l'envie d'obtenir davantage, ni l'efficacité pour l'obtenir.

LA MÉTHODE DE « L'ICI ET MAINTENANT »

Quand nos responsabilités se multiplient et que nous avons de plus en plus de difficultés à traiter les problèmes, nous avons tendance à nous focaliser sur ce qui n'est pas fait ou ce qui reste à faire plutôt que sur ce qui est déjà accompli. Le sentiment d'insatisfaction s'accroît, et il nous conduit au découragement, à l'irritabilité et au pessimisme.

Savoir être attentif à « l'ici et maintenant » présente trois avantages :

1. le sentiment d'urgence diminue ;
2. cela nous donne l'habitude de profiter du moment présent ;
3. l'efficacité est augmentée : en réalisant une chose à la fois, on concentre son énergie et sa compétence sur cette chose, on gagne du temps et on peut passer à une autre tâche dans de meilleures conditions.

Cette méthode se rapproche beaucoup de la précédente, mais elle est plus centrée sur le temps et sur **ce dont je dispose ici et maintenant pour être efficace et me sentir satisfait**. Souvent, en cas de stress, les pensées sont dirigées vers le passé ou l'avenir, mais pas sur le présent… Or, nous sommes « tout entiers compris dans le présent », et il serait dommage finalement de constater que nous avions de la chance d'avoir la santé… seulement après un infarctus !

▷ *La démarche*

• Dans un premier temps, on peut se servir de la méthode de repérage et de modification des pensées automatiques, déjà présentée plus haut, en se posant les questions suivantes :

1. Quand je suis insatisfait, que me passe-t-il par l'esprit ?

2. Quelles sont les pensées concernant le passé ? l'avenir ?

3. Quelles sont les émotions que je ressens à ce moment-là (regrets, insatisfaction, irritabilité, impatience, etc.) ?

4. Quelles sont les conséquences sur ma motivation au travail ? sur le résultat de mon travail ?

5. Quelles sont les conséquences sur ma qualité de vie, sur la façon dont je profite des choses ?

6. Si je m'occupe uniquement ici et maintenant de ce que je suis en train de faire, quelles seront les conséquences sur l'efficacité de mon travail et sur ma qualité de vie ?

7. Est-ce que je profite assez de tout ce dont je dispose actuellement ? Est-ce que je ne mets pas trop ma satisfaction sous condition d'obtenir quelque chose que je n'ai pas ?

• Dans un deuxième temps, l'entraînement consiste « à partir à la **chasse à l'insatisfaction** ». Dès que je me sens insatisfait par mon présent, je pratique un exercice de relaxation et me centre sur « l'ici et maintenant », en en tirant le maximum de satisfaction possible. Je répète le plus souvent possible l'exercice et j'en évalue les résultats.

Une autre façon de procéder est d'avoir une liste des « choses qui vont bien dans ma vie » et auxquelles je ne pense pas assez (par exemple, la santé, les relations positives, ce que j'ai réussi à faire, etc.), et de **la lire souvent**, en toutes circonstances, puis plus systématiquement pendant les périodes d'insatisfaction et de doute. La pratique régulière donne habituellement un résultat surprenant, malgré la simplicité de la méthode.

Exemple : **Marie** n'était jamais contente, ni d'elle-même, ni des autres, ni de sa situation. Pourtant, vues de l'extérieur, les choses n'allaient pas si mal…

Médecin, elle exerce dans une ville agréable, ne manque pas de clients, qui sont généralement satisfaits de ses services. Elle est mariée, mère de deux enfants, en bonne santé, et son époux, cadre commercial, paraît plutôt charmant et est assez présent. Tout le monde pense qu'elle a de la chance ! Pourtant, Marie avait un problème, elle ne voyait que ce qui restait à faire, et ce souci prenait toute la place.

Marie avait toujours peur de ne pas aller assez vite et, dans le même temps, de ne pas faire assez bien. Quand elle était

en vacances, elle pensait à son travail, quand elle était au travail, au temps libre qu'elle n'avait pas, à ses enfants avec lesquels elle ne passait pas assez de temps, à son mari dont elle ne profitait pas assez... Elle se retrouvait dans un état d'anxiété et d'insatisfaction permanent.
Après un bilan réaliste de ce dont elle dispose, « l'état des lieux » de sa vie, nous avons mis au point une liste des points importants et positifs dans son présent. Dès qu'un doute ou une insatisfaction apparaissent, elle se dit dorénavant : « J'ai le droit de continuer à n'être pas satisfaite si je le veux, mais uniquement après avoir relu ma liste "positive". » Quatre mois d'entraînement régulier ont suffi à modifier la façon dont Marie se présente les choses, dans un sens plus réaliste et surtout plus agréable pour elle. Aujourd'hui, elle sait très bien utiliser la méthode de « l'ici et maintenant » : quand elle travaille, elle est uniquement concentrée sur son travail, et en famille, elle est présente pour son mari et ses enfants. Elle se sent beaucoup moins stressée et se juge plus efficace.

EXERCICE

Établir un programme de « une tâche à la fois » et de « l'ici et maintenant »

1. Lorsque vous avez une activité à réaliser, pensez-vous à une autre tâche dans le même temps ?
Pensez-vous aux conséquences futures ou bien au passé ?
Est-ce une façon de faire habituelle ou épisodique ?
Quelles sont les conséquences sur la qualité de votre activité, vos émotions, la relation avec les autres ?
2. Si vous êtes concerné, mettez au point un programme d'entraînement à « une tâche à la fois » ou à « l'ici et maintenant », en suivant les conseils donnés dans cet ouvrage.
Pour cela, profitez des méthodes de relaxation rapide, de l'apprentissage de la concentration et de l'attention dirigée, en les appliquant progressivement en situation.
Une préparation en imagination consistant à se concentrer avant d'agir sur la chose à faire, et seulement celle-ci, améliore immédiatement l'efficacité.
3. Si vous accordez plus d'importance à ce que vous n'avez pas fait plutôt qu'à ce qui est déjà réalisé, un sentiment d'insatisfaction et de précipitation du temps apparaît. Dans ce cas, mettez au programme de profiter du temps présent : concentrez-vous sur l'intérêt du moment.
4. Le repérage des pensées automatiques favorisant l'insatisfaction et l'urgence est alors très utile. Il vous suffit de les passer au crible de l'analyse logique :
Que me rapportent ces pensées ?
Améliorent-elles réellement mon efficacité ?
Quelles autres manières de voir les choses sont envisageables ?

RÉSUMÉ

« Une tâche à la fois » et « L'ici et maintenant »

La méthode **« une tâche à la fois »** consiste à ne s'occuper que de l'activité en cours.

La méthode de **« l'ici et maintenant »** revient à se centrer sur le moment présent de manière constructive, plutôt que sur le passé et l'avenir.

Ces méthodes ont l'avantage :
- d'améliorer l'efficacité du travail et le sentiment de confort personnel ;
- de diminuer le risque de dispersion et le stress.

NE PAS REMETTRE À PLUS TARD CE QUI PEUT ÊTRE FAIT TOUT DE SUITE

Remettre à plus tard toutes les petites tâches quotidiennes (appels téléphoniques, courriers, etc.) pouvant être réalisées de suite peut faire globalement perdre beaucoup de temps et d'efficacité, tout en augmentant le coût émotionnel (irritabilité, découragement et autres sensations pénibles).

Il est souhaitable de faire tout de suite tout ce qui peut être réalisé de suite ; le gain et l'économie de temps et de stress en sont énormes.

La méthode consiste à se poser quelques questions très simples pour chaque problème ou tâche qui se présente :

1. Ai-je le temps de faire cela tout de suite ?
2. Ne vais-je pas perdre plus de temps à le reporter qu'à le faire immédiatement ?
3. Comment me sentirai-je après l'avoir fait ?
4. Comment me sentirai-je si je ne le fais pas ?

Exemple : **Jean-Marie** est toujours surchargé et vit sur un rythme rapide. Il reçoit beaucoup d'informations, doit traiter un grand nombre de problèmes, et les retards s'accumulent d'une manière habituelle : les dossiers, les lettres à rédiger se retrouvent sur son bureau sous la forme de plusieurs piles, parfois instables…

L'observation de sa méthode de travail met en évidence qu'**il prend connaissance de toutes les nouvelles informations et les met ensuite de côté pour s'occuper de son retard**. Jean-Marie est donc toujours en retard ! Il s'énerve, et se sent débordé. Nous décidons de faire un essai de la méthode du jour le jour, dont voici un échantillon :

Tâche : rédaction d'une lettre de confirmation de prise en charge de frais de séjour.

Analyse :

• Ai-je le temps de le faire tout de suite, maintenant que j'ai lu l'information ?

→ Oui, il y en a pour une minute.

• Ne vais-je pas perdre plus de temps à ne pas le faire plutôt qu'à le faire ?

→ Oui, car il va falloir retrouver la demande, la reprendre, sans compter l'énervement.

• Comment me sentirai-je après l'avoir fait ?

→ Bien, ça sera toujours ça de fait.

• Comment me sentirai-je si je ne le fais pas ?

→ Comme d'habitude, énervé et tendu. Donc, autant la faire tout de suite !

RÉSUMÉ

Remettre à plus tard ce que l'on peut faire de suite fait souvent perdre beaucoup de temps, d'énergie, et augmente considérablement le stress.

Prendre l'habitude de **traiter tout de suite tout ce qui peut l'être** :
– permet de diminuer le retard dans le travail ;
– permet de se sentir plus efficace, donc plus sûr de soi ;
– augmente la productivité.

EXERCICE

S'entraîner à ne plus remettre les choses à plus tard

1. Existe-t-il souvent des tâches que j'ai tendance à remettre à plus tard ?

2. Parmi ces tâches, quelles sont celles qu'il n'est effectivement pas possible ou souhaitable de faire tout de suite ?

3. Quelles sont les tâches qu'il serait plus rentable de faire rapidement ?

4. Utilisez les questions suivantes pour évaluer les conséquences de remettre à plus tard la ou les tâches repérées :

- **a.** Ai-je le temps de faire cela tout de suite ?
- **b.** Ne vais-je pas perdre plus de temps à le reporter qu'à le faire immédiatement ?
- **c.** Comment me sentirai-je après l'avoir fait ?
- **d.** Comment me sentirai-je si je ne le fais pas ?

5. Répétez l'exercice le plus souvent possible et évaluez le bénéfice sur le stress et l'efficacité.

LA MÉTHODE TIC-TOC

Comme nous venons de le voir, remettre une activité à plus tard, se sentir découragé par une tâche à accomplir peuvent prendre beaucoup de temps et d'énergie. Quand cela devient une habitude, les conséquences peuvent être graves. On parle dans ce cas de **procrastination**.

Procrastination : tendance à remettre les choses à plus tard ou bien à ne pas démarrer une activité.

« Démarrer » plus vite l'action, à l'inverse, est particulièrement rentable, et c'est l'objectif de la méthode **TIC-TOC** mise au point par David Burns[1].

▶ Les pensées TIC

Quand nous avons « du pain sur la planche », certaines pensées peuvent avoir un effet paralysant l'action ou retardant sa mise en route. Ce sont les pensées **TIC** (*Task Inhibiting Cognitions :* « pensées qui inhibent l'action »). Par exemple, un médecin ayant à remplir des imprimés et des comptes rendus peut avoir l'esprit encombré de réflexions comme celles-ci :

« Tout ce travail barbant, et qui ne sert à rien », « Toujours remplir des papiers… », « On verra demain… », « Avec tout le retard que j'ai, un peu plus ou un peu moins, ça ne va pas changer grand-chose… » Cela ne l'encourage pas à se mettre au travail !

▶ Les pensées TOC

Si le même médecin avait des pensées comme : « Autant faire ce travail tout de suite, j'en serai débarrassé… », « Et un compte rendu de fait n'aggravera pas mon retard ! », la mise en route serait plus probable. Ces dernières pensées sont appelées **TOC** (*Task Oriented Cognitions :* « pensées qui orientent vers l'action »).

1. D. Burns, *Feeling good*, New York, William Morrow and Company, 1980.

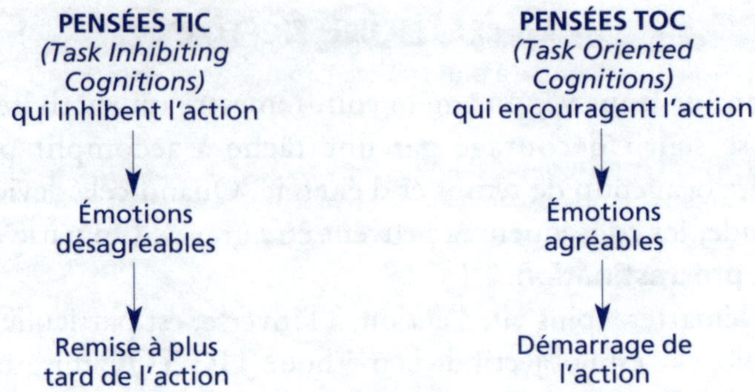

En conclusion

La méthode TIC-TOC consiste à favoriser au maximum les pensées TOC.

Quand une pensée TIC apparaît, elle correspond à une émotion pénible, comme le sentiment de surcharge, le découragement, la perte de motivation. La conséquence est un ralentissement de l'action ou bien la remise à plus tard de celle-ci.

Une pensée TOC correspond, au contraire, à une émotion moins désagréable, comme l'envie de terminer ou d'avancer un travail, et au sentiment que l'action est plus facile à mettre en œuvre.

La manière la plus commode pour appliquer la méthode est d'utiliser un tableau à deux colonnes, comme celui présenté ci-dessous.

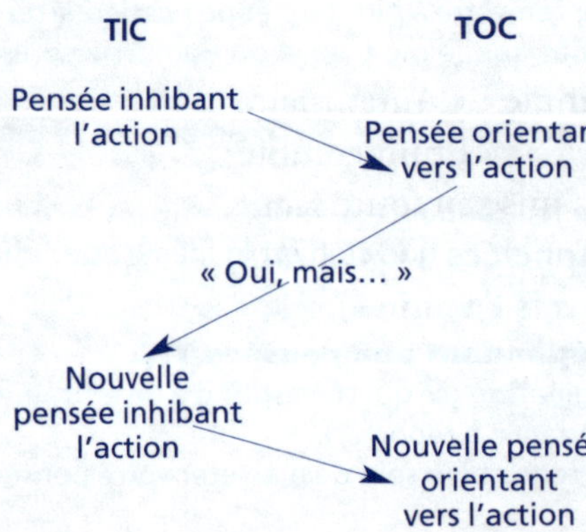

Quand vous êtes envahi par une pensée TIC, il suffit de la transformer en pensée TOC, autrement dit **en pensée qui stimule la motivation pour démarrer l'action**. De manière générale, une nouvelle pensée TIC réapparaît, commençant souvent par « **Oui, mais** ». Il est alors important de recommencer le « trajet » et de **ne s'arrêter que dans la colonne TOC**.

Exemple : Voici le tableau rempli par le médecin évoqué plus haut à propos de sa tendance à remettre à plus tard un compte rendu à écrire :

TIC		TOC
« Avec tout le retard que j'ai, un peu plus ou un peu moins, ça ne va pas changer grand-chose... »	→	« Autant faire ce travail tout de suite, j'en serai débarrassé... Et un compte rendu de fait n'aggravera pas mon retard ! »
	« Oui, mais... » ↙	
« Ces comptes rendus, personne ne les lit ! »	→	« Tu as dix minutes devant toi, autant en profiter pour écrire et ce sera fait ! »

Les pensées de la colonne TOC favorisent la motivation pour effectuer le compte rendu décourageant.

RÉSUMÉ

La méthode Tic-Toc

Quand les pensées **TIC (qui inhibent l'action)** sont fréquentes, l'activité est souvent remise à plus tard ou annulée. Cela peut aboutir à la procrastination, dont les conséquences peuvent être graves.

La méthode consiste à remplacer systématiquement les pensées **TIC** par des pensées **TOC (qui favorisent l'action)**.

Le plus souvent, ce travail s'accompagne de **« Oui, mais »**, ramenant la pensée dans la colonne TIC.

Il suffit de poursuivre la méthode et de ne s'arrêter que dans la colonne TOC et quand l'action a démarré.

EXERCICE

Pratiquer la pensée TOC

Observez chez les autres et chez vous-même des pensées inhibant l'action :

1. Comment fais-je (fait-il ou fait-elle) pour remettre à plus tard et ne pas démarrer ?

2. Quelles sont mes pensées TIC, les excuses que je me trouve ou que la personne que j'observe trouve ?

3. Comment est-ce que je fais pour remettre à plus tard, ou comment fait la personne pour remettre à plus tard ?

5. Quelles sont les principales tâches que j'ai tendance à remettre à plus tard ou dont la réalisation me décourage ou m'ennuie ? La question est la même pour une autre personne.

Mettez au point des pensées TOC répondant aux pensées TIC.

1. Répétez très souvent l'exercice, en imagination (ce qui correspond à un entraînement sur les principales tâches que j'ai tendance à reporter).

2. Observez les pensées en « oui, mais ». Prenez bien soin de n'arrêter votre pensée que dans la colonne TOC.

3. Répétez très souvent l'exercice dans votre vie quotidienne. De cette manière, un « automatisme de démarrage » va s'instaurer.

chapitre

7

Savoir gérer les difficultés

Deux grands types de difficultés existent et sont des stresseurs importants : **les difficultés concrètes et les difficultés relationnelles**. Pour chacun des deux groupes, nous pouvons employer des procédures spécifiques : les méthodes de résolution de problèmes, de prise de décisions et l'entraînement à « l'aisance sociale ».

LA MÉTHODE DE RÉSOLUTION DE PROBLÈMES

Notre vie est une longue suite de problèmes. Dans le stress, leur résolution est souvent paralysée par la difficulté à prendre des décisions, le doute, le perfectionnisme, le sentiment d'être débordé. Il s'ensuit une perte de temps et d'énergie au moment où on en a le plus besoin !

Savoir poser un problème de manière claire, évaluer les difficultés et les solutions possibles sont des objectifs réalisables à l'aide d'une méthode structurée.

Une fois l'émotivité calmée par la relaxation rapide, voici un mode d'emploi efficace en huit étapes, inspiré du travail remarquable de D'Zurilla et Goldfried[1].

1. Quel est le problème? Décrivez-le de manière précise, ainsi que les circonstances d'apparition : avec qui ou quand, de quelle manière survient-il?

2. Recherchez toutes les solutions possibles, il s'agit d'un « brain storming », dans lequel on envisage tous les moyens de régler le problème, même les plus « farfelus ».

3. Recherchez les avantages, les inconvénients, les risques de chacune des solutions. Évaluez la valeur de chacune des solutions à l'aide d'une échelle de notation de 0 à 10 : 0 si la solution n'a aucune valeur, 10 si la valeur est maximale.

4. Choisissez la ou les solutions de valeur maximale.

5. Définissez les moyens nécessaires pour appliquer la solution.

6. Donnez-vous ces moyens, testez-les si nécessaire.

7. Passez à l'action.

8. Évaluez les résultats.

La méthode est simple. Elle peut paraître scolaire ou artificielle dans un premier temps, mais devient rapidement habituelle et efficace si elle est pratiquée régulièrement. Elle évite de passer d'une solution à l'autre, et souvent de n'en appliquer réellement aucune.

Exemple : **Jean-Daniel** a été licencié il y a une semaine. Désorienté, il ne sait pas exactement comment s'y prendre. L'application de la méthode en huit étapes s'est faite de la manière suivante :

1. Quel est le problème ?

Que faire ? Être licencié, c'est se retrouver sans activités, sans horaires. La recherche d'un travail n'est pas une chose évidente et je ne sais même pas comment m'y prendre, et ce que j'ai intérêt à faire.

CONSEIL

Appliquer la méthode de résolution de problèmes par écrit clarifie considérablement le problème, les solutions à y apporter et fait gagner du temps et de l'efficacité.

1. T. J. D'Zurilla, M. R. Goldfried, « *Problem Solving and Behavior Modification* », *Journal of Abnormal Psychology*, n° 78, 1971, pp. 107 à 126.

2. Quelles sont les solutions possibles ?

- Prendre des vacances
- S'inscrire à l'ANPE
- Suivre une formation
- Travailler en intérim
- Répondre aux annonces
- Faire publier une annonce
- Prendre contact directement avec les entreprises
- Rencontrer le maire
- Consulter l'assistante sociale
- Aller à « Coup de pouce emploi »

3. Avantages, inconvénients, risques de chacune des solutions

Évaluation de la valeur de chacune des solutions à l'aide d'une échelle de notes de 0 à 10.

• Prendre des vacances
– Avantages : ne pas affronter tout de suite les problèmes et me reposer.
– Inconvénients : ce ne sont pas de vraies vacances, je ne serai pas tranquille, je vais dépenser de l'argent dont je peux avoir besoin.
– Risques : laisser passer le temps et me retrouver sans emploi trop longtemps.
Évaluation : 3/10

• S'inscrire à l'ANPE
– Avantages : toucher le chômage, obtenir des renseignements.
– Inconvénients : pénible psychologiquement, attendre et perdre du temps, être découragé.
– Risque : aucun.
Évaluation : 10/10

• Suivre une formation
– Avantages : apprendre de nouvelles choses, faire quelque chose d'intéressant, peut déboucher sur un emploi meilleur, gratifiant.
– Inconvénients : remise en question, examens à préparer et travail à faire.
– Risques : échec possible, suivre une formation pour rien, retarde la reprise d'emploi.
Évaluation : 7/10

• Travailler en intérim
– Avantages : facile à faire, trouver du travail rapidement, bien payé.

– Inconvénients : rester disponible, faire n'importe quoi, devoir s'adapter.
– Risque : aucun.
Évaluation : 8/10

• Répondre aux annonces
– Avantages : facile, peu coûteux en énergie.
– Inconvénient : peu rentable.
– Risque : aucun.
Évaluation : 8/10

• Faire publier une annonce
– Avantage : facile à faire.
– Inconvénient : coûteux.
– Risque : aucun
Évaluation : 3/10

• Prendre contact directement avec les entreprises
– Avantages : se faire connaître, tenter sa chance, court-circuiter les méthodes habituelles.
– Inconvénients : prend du temps, souvent décourageant.
– Risque : aucun.
Évaluation : 5/10

• Rencontrer le maire
– Avantage : se faire pistonner.
– Inconvénient : aucun, mais inefficace.
– Risque : aucun, rien à perdre.
Évaluation : 2/10

• Consulter l'assistante sociale
Idem que pour le maire.
Évaluation : 3/10

• Aller à « Coup de pouce emploi »
– Avantages : ambiance sympa, petits boulots peu prenants.
– Inconvénients : peu rentable, perte de temps.
– Risque : aucun.
Évaluation : 2/10

4. Choix de solutions

→ S'inscrire à l'ANPE : 10/10
→ Répondre aux annonces : 8/10
→ Travailler en intérim : 8/10
→ Suivre une formation : 7/10

Je décide de mettre en œuvre les trois premières et de me renseigner sur la dernière solution.

5. Les moyens nécessaires

→ Pour s'inscrire à l'ANPE et dans les agences d'intérim, il n'y a pas de problème : y aller et remplir les imprimés.

→ Pour répondre aux annonces, il suffit d'acheter ou de se procurer les journaux.

→ Pour les formations, se renseigner à l'ANPE sur la formation professionnelle adulte et faire un bilan de compétences.

6. Mise en œuvre

Les moyens à mettre en œuvre sont simples.

7. Passage à l'action

Je décide de faire les choses dans l'ordre suivant :

1. Inscription à l'ANPE
2. Réponses aux annonces
3. Inscription dans les agences d'intérim
4. Prise de renseignements sur les formations

8. Évaluation des résultats

J'ai pu presque tout faire : m'inscrire à l'ANPE, répondre régulièrement aux annonces, m'inscrire dans trois agences d'intérim. Il me reste à prendre les renseignements pour les formations, ce que je peux faire la semaine prochaine. De toutes manières, je me sens moins dépassé et agir me fait du bien. Si j'étais resté à ne rien faire ou si j'étais parti en vacances, je pense que je me sentirais plus mal.

EXERCICE

La résolution de problèmes

Repérez un problème de travail ou de vie privée, pas trop important dans un premier temps.

1. Définissez le problème ; quelles sont les circonstances d'apparition, ses conséquences ?

2. Dressez une liste de toutes les solutions imaginables, même celles qui pourraient paraître inutiles.

3. Évaluez l'efficacité probable de chaque solution en fonction du but et des moyens nécessaires à sa réalisation.

4. Précisez les moyens nécessaires et les réunir.

5. Passez à l'action.

6. Évaluez le résultat.

Appliquez plusieurs fois la méthode de manière progressive en commençant par des problèmes faciles, puis de plus en plus difficiles.

LA PRISE DE DÉCISIONS

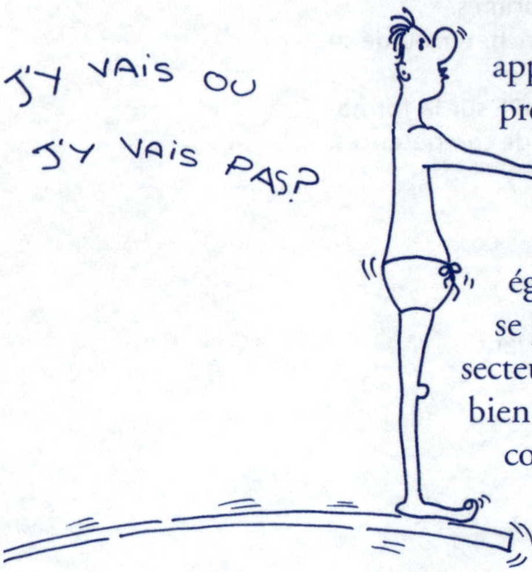

Savoir se décider sur le choix des solutions les plus appropriées est crucial. Tout le monde a des décisions à prendre, pour lesquelles le meilleur choix à faire n'est pas évident ! Il s'agit donc d'un stresseur extrêmement important pour chacun d'entre nous, au niveau professionnel bien sûr, mais également dans tous les autres domaines de la vie. Cela se présente surtout quand notre compétence dans un secteur particulier ne nous rend pas assez performant, ou bien quand plusieurs solutions acceptables, ou dont les conséquences pénibles sont similaires, sont à envisager.

Voici une méthode qui s'applique idéalement à ces situations d'impasse.

▶ La méthode de l'arbre de décisions

• La première étape est de préciser les différentes décisions qui s'offrent à nous : décision A, décision B, décision C, etc. De manière générale, il est possible de ramener le choix à deux ou trois décisions.

• La seconde étape est de construire, pour chaque décision, un tableau récapitulatif des avantages et des inconvénients, accompagnés de l'évaluation subjective de leur importance sur une échelle de 0 à 100 %.

Tableau avantages-inconvénients de la décision A

Avantages de la décision	Importance en %	Inconvénients de la décision	Importance en %
Total :		Total :	

Les totaux des avantages et inconvénients donnent déjà une bonne indication : il vaut mieux choisir la décision qui présente le plus d'avantages et le moins d'inconvénients.

Quand les décisions paraissent assez similaires, il est possible de calculer leur produit :

1. [Total des avantages de la décision A]

x

[Total des inconvénients de la décision B]

et

2. [Total des avantages de la décision B]

x

[Total des inconvénients de la décision A]

puis de comparer les résultats :

La décision A sera choisie si le total 1 est supérieur au total 2 et *vice versa.*

Si aucune des deux décisions ne se démarque franchement, il est probable qu'aucune n'est réellement préférable à l'autre !

Le problème devient alors celui de ne pas trop perdre de temps à réfléchir, quitte à tirer à pile ou face pour se décider.

S'il existe plus de deux décisions, il est intéressant de faire les rapports par paires. Par exemple :

[Décision A] avec [Décision B]
[Décision A] avec [Décision C]
[Décision B] avec [Décision C]

et de décider en fonction des différents rapports. Il est évident qu'il ne faut pas avoir trop de décisions envisageables… Dans ce dernier cas, il vaut mieux recourir à la méthode de résolution de problèmes exposée plus haut.

CONSEIL

Ne pas prendre de décision est souvent la pire des décisions… Sauf dans le cas où il vaut mieux que celle-ci soit prise par quelqu'un d'autre !

Exemple : **Gérard** est entrepreneur dans le bâtiment. Il dirige une entreprise de quatre salariés, habitués à faire des chantiers de petite et moyenne importance. Une plus « grosse affaire » se présente, qui comprend certains risques, mais également des chances de gains supplémentaires.

Voici l'arbre de décisions qu'il a construit :
– Décision A : prendre le chantier.
– Décision B : ne pas prendre le chantier.

Décision A : prendre le chantier			
Avantages	**Importance en %**	**Inconvénients**	**Importance en %**
– Mon affaire aura plus d'ampleur.	50	– Immobilisation de capital et achat de gros matériel, ce qui est un risque.	70
– C'est un travail intéressant techniquement et que j'ai envie de faire.	80	– Engager des intérimaires, ce qui n'est jamais une solution sûre.	50
– Plus d'argent, si je n'ai pas d'indemnité de retard.	80	– Risque d'engrenage : si l'entreprise s'agrandit, il va falloir assurer par la suite.	20
– Le pied à l'étrier pour me lancer dans ce type de chantier ; je serai plus crédible.	60	– Risque de perdre le côté familial de l'entreprise, surtout si j'ai plus de personnels, donc gestion plus difficile.	50
– Peu de risque de ne pas être payé, étant donné ma connaissance de l'entreprise pour laquelle je vais avoir à travailler.	100	– Nécessité de me former davantage à la gestion.	20
Total	370	Total	210

Sur ce premier tableau, les avantages à s'engager dans ce nouveau chantier sont plus importants que les inconvénients.

Gérard a cependant continué la méthode et a construit le tableau suivant, concernant les avantages et les inconvénients de ne pas prendre le chantier :

Décision B : ne pas prendre le chantier			
Avantages	**Importance en %**	**Inconvénients**	**Importance en %**
– Pas de complications supplémentaires : « Un tien vaut mieux que deux tu auras ! »	50	– Pas d'évolution dans mon métier : même travail, mêmes matériels, pas de connaissances nouvelles et j'ai déjà fait le tour.	80
– Maintien d'une entreprise à dimension humaine.	60	– Rester petit est peut-être un risque à long terme : seuls les gros survivront !	50
– Pas de matériels supplémentaires à acheter, ni de personnels en plus à gérer.	60	– Quand on commence à refuser dans ce métier, ça se sait vite.	50
– Aucun risque à prendre.	30		
Total	200	Total	180

Avec ce second tableau, la décision est moins nette !

Les rapports donnent les résultats suivants :

[Avantages de prendre le chantier] x [Inconvénients de ne pas le prendre] = **66 600**.

[Avantages de ne pas prendre le chantier] x [Inconvénients de le prendre] = **42 000**.

Ce qui donne un rapport de **1,6** pour s'engager dans le nouveau chantier.

EXERCICE

Réaliser son arbre de décisions

Choisissez une décision à prendre, comme un nouvel achat, un problème de travail, etc.

1. Vérifiez que c'est bien à vous de prendre cette décision.

2. Appliquez complètement un arbre de décisions.

3. Quelles sont les conséquences sur la fermeté de votre décision et les émotions en général ?

RÉSUMÉ

Résolution de problèmes et prise de décisions

• La méthode de résolution de problèmes consiste à **définir précisément le problème**, à rechercher **toutes les solutions possibles, à choisir**, à partir d'une évaluation de ces solutions, la plus appropriée, de **se donner les moyens de l'action**, et enfin **d'agir**.
Le fait de structurer la conduite à tenir permet assez rapidement de passer à l'action et de perdre le moins de temps et d'énergie possibles en hésitations.

• La prise de décisions se fait à l'aide d'un **arbre de décisions** permettant d'évaluer, de manière chiffrée, les avantages et les inconvénients des différentes décisions.
Le pire, en cas de doute, est souvent de choisir la décision : « Ne pas prendre de décision. »

L'AISANCE RELATIONNELLE

Les problèmes relationnels, tant au niveau professionnel que familial ou amical, sont parmi les stresseurs les plus importants. Recevoir des critiques, avoir à gérer des malentendus ou des conflits sont des choses communes à tout un chacun, mais qui coûtent très cher en émotions. La façon dont nous vivons nos relations peut faire beaucoup de mal, mais aussi beaucoup de bien !

Pour la plupart des personnes interrogées, la **relation humaine est évaluée comme ce qu'il y a de plus important dans la vie**, c'est elle qui peut le plus nous faire souffrir ou bien, inversement, qui peut nous aider le plus à réussir notre vie.

Savoir se sentir à l'aise avec les autres et savoir mettre les autres à l'aise avec soi sont donc au moins très utiles, sinon nécessaires.

Je n'aborderai que partiellement la question des relations humaines, dont l'ampleur dépasse largement la place qui lui est consacrée ici. Cependant, les lecteurs intéressés pourront se reporter à l'ouvrage *Savoir s'affirmer*[2], qui expose avec précision la méthode d'entraînement à la communication et aux habiletés sociales. Je vais cependant en présenter les principes.

2. C. Cungi, *Savoir s'affirmer*, Paris, Retz, 2002 pour la nouvelle édition.

▶ Les situations relationnelles

Quel que soit notre mode de vie, les situations que nous avons à vivre sont les suivantes :

- formuler des demandes, exprimer des avis, des opinions, des sentiments ;
- accepter ou refuser ;
- recevoir des critiques négatives ou en faire soi-même ;
- recevoir des compliments ou en faire soi-même ;
- engager, poursuivre ou mettre un terme à une conversation.

Ces situations sont vécues individuellement ou en groupes, à tous âges, et chacune peut être un stresseur important, mais variable en fonction des habitudes et des compétences sociales, c'est-à-dire l'aptitude à parler en public ou à gérer un conflit, etc.

Nous savons que, paradoxalement, quelqu'un habitué à parler devant les autres – un universitaire, par exemple – n'aura pas de problème pour faire une conférence, mais pourra se sentir très mal à l'aise dans une soirée entre amis.

Une situation est bien vécue quand nous nous sentons à l'aise, avec une émotivité bien contrôlée et des compétences sociales adaptées au contexte, par exemple : savoir poursuivre une conversation si cela est souhaitable, savoir écouter pour mieux répondre, savoir calmer l'agressivité chez l'autre…

Les problèmes relationnels étant toujours d'actualité, les chercheurs de différentes disciplines se sont intéressés au fonctionnement de la communication et aux comportements mis en jeu. Il s'agissait, en partie, de définir quelle serait la façon de communiquer la plus efficace et la moins coûteuse en temps, en énergie et… en argent.

Quand les chercheurs cherchent… ils finissent par trouver ! Depuis une vingtaine d'années, les travaux sur la communication et l'entraînement aux habiletés sociales ont permis de mettre au point quelques principes de base, maintenant bien reconnus.

▶ Les principes de communication

On peut dire que la communication est bonne quand **le message émis correspond au message reçu**, ce qui n'est pas chose aisée puisque nous savons déjà que nous percevons en priorité ce que nous craignons, en second ce que nous attendons et, enfin seulement, ce qui nous est inconnu ! Cela veut dire que si je crains une remarque négative, je risque d'interpréter toutes les petites composantes non verbales de la communication, par exemple les regards, les mimiques faciales, comme correspondant à une critique probable. Il est possible que ce soit vrai, mais également que ce soit faux… Percevoir n'est donc pas un processus neutre. Il est donc intéressant, dans la communication, de se méfier de nos perceptions, et savoir écouter est un bon antidote à ce risque.

▷ *Le rôle de l'écoute*

Écouter sert, tout d'abord, à savoir quoi répondre quand on nous pose une question ! Qui d'entre nous ne s'est pas mis à répondre sans être sûr d'avoir bien saisi la question ? Les quiproquos sont parfois comiques – et le théâtre a su depuis toujours les exploiter – et parfois dramatiques. Une conséquence fréquente du manque d'écoute est de se défendre avant d'être attaqué.

Cela sert aussi à gagner du temps. Quand le message émis correspond au message reçu, les conduites qui en découlent se mettent plus facilement en place, les compromis deviennent plus évidents et le temps peut être consacré effectivement à la résolution des problèmes.

INFORMATION

Écouter est très difficile… Être sûr d'avoir compris le message de l'autre nécessite un savoir-faire et une attention particuliers !

▷ *La qualité de l'écoute*

Trois types d'écoute existent : l'écoute passive, l'écoute participante et l'écoute active.

1. L'**écoute passive** est celle que nous utilisons pour écouter la radio. La distorsion de l'information peut être très importante, sauf si nous nous concentrons fortement sur ce que nous entendons, ce qui, la plupart du temps, n'est pas possible longtemps. C'est dans ce cas de figure que nous percevons surtout ce que nous craignons ou attendons.

2. L'**écoute participante** est faite de tous les petits hochements de tête, regards, petites verbalisations, mimiques montrant à l'interlocuteur que nous sommes attentifs à ce qu'il dit. Le fait de participer de cette manière à la conversation oblige à être plus attentif, encourage l'interlocuteur à parler, et la perte ou la transformation de l'information est moins grande que dans l'écoute passive.

3. L'**écoute active** consiste à vérifier si j'ai bien compris mon interlocuteur, si mon interlocuteur a bien reçu le message que j'ai émis, et enfin à tenir compte des messages non verbaux, comme un sourire, une mimique faciale, en en vérifiant le sens.

Ces trois types d'écoute sont bien sûr à adapter en fonction des circonstances, mais seul le dernier donne une bonne probabilité de réduire la mauvaise communication.

Exemple : Conversation téléphonique

Bertrand : « As-tu prévenu Marc de la réunion de ce soir ? »
Gisèle : « Oui, il sera là à 20 heures. »
Bertrand : « Bien, j'amènerai les papiers que tu sais. »
Gisèle : « D'accord donc pour ce soir 20 heures ; quels sont exactement les papiers que tu vas apporter ? »
Bertrand : « Les plans de la maison, l'acte de vente, le descriptif des travaux… »
Gisèle : « Bien, je note… acte de vente, descriptif des travaux, plans de la maison… »
Bertrand : « Et aussi le bilan des trois derniers mois. »
Gisèle : « Et le bilan des trois derniers mois… Bien merci, à ce soir 20 heures ! »

EXERCICE

Pratiquer l'écoute

A. Repérez des situations dans lesquelles la communication est mauvaise, chez les autres puis avec vous-même, comme « les dialogues de sourds », « les défenses avant d'être attaqué », « les quiproquos ».
Analysez ces situations et de quelle manière la communication s'installe mal :
1. Qu'est-ce qui ne fonctionne pas ?
2. Quel est le message émis ?
3. Quel est le message reçu ?
4. Quelles sont les émotions chez les interlocuteurs ?

B. Entraînez-vous à écouter de manière passive, par exemple la radio ou une conférence.
1. Combien de temps arrivez-vous à maintenir votre attention ?
2. Résumez ce que vous avez entendu. Qu'avez-vous retenu ?
3. Essayez d'augmenter progressivement votre performance.

C. Entraînez-vous à écouter de manière participante, en suivant bien le discours de l'autre, en approuvant par des hochements de tête, en regardant votre interlocuteur, en ponctuant ses verbalisations par de petits mots et onomatopées.
1. Quelles sont les conséquences sur l'attention que vous portez à la conversation ?
2. Quelles sont les conséquences sur l'autre ?
3. Parle-t-il davantage ?
4. Est-il plus à l'aise ?
5. Est-il encouragé à continuer de parler ?

Inversement, écoutez quelqu'un sans participer du tout à ce qu'il dit, sans le regarder.
1. Que se passe-t-il ?
2. Est-ce que la personne est encouragée à continuer son discours ?
3. Comment vous sentez-vous alors ?
4. Est-ce pénible ?

D. Entraînez-vous à l'écoute active.
1. Dans une conversation, vérifiez le contenu du message que vous avez entendu en en faisant un petit résumé pour votre interlocuteur.
2. Corrigez votre perception des choses si nécessaire.
3. Répétez l'exercice, par exemple en demandant un renseignement dans la rue et en verbalisant à votre interlocuteur ce que vous avez compris.
4. Vérifiez de la même manière, à chaque fois que cela est souhaitable, si la personne à qui vous parlez a bien compris votre message.
5. Vérifiez sans interpréter le contenu du non-verbal, chaque fois qu'il est utile de le faire. Par exemple, si quelqu'un a une mimique faciale pouvant exprimer le doute, vérifiez s'il s'agit bien de cela ou non.

E. Entraînez-vous régulièrement aux trois types d'écoute chaque fois que cela est possible, en adaptant la méthode aux circonstances. Le risque de mauvaise communication en sera considérablement réduit.

▶ Les comportements

Dans une situation relationnelle quelconque, nous ne pouvons avoir que trois types de comportements : **inhibé**, **agressif** ou **affirmé**.

Un exemple permettra de mieux comprendre : imaginons que je sois dans un magasin, à la caisse. Une personne passe devant moi.

▷ *Le comportement inhibé*

Je ne dis rien, ne fais rien remarquer et accepte de passer après. Le plus souvent, mes idées ne coïncident pas alors avec mon comportement. Je peux avoir des pensées comme : « Elle exagère celle-là, quelle sans-gêne ! », ou bien « Tant pis, je ne vais pas faire d'histoire pour une place ! » Je me sentirai alors en général frustré ou irrité, voire même en colère… mais intérieurement ! Extérieurement, je ne verbalise rien et ne montre presque rien. Il est possible aussi, pour certains d'entre nous, d'avoir des pensées « altruistes », comme : « Tant pis, ce n'est pas grave, elle doit être pressée, si ça peut lui rendre service… » Mes émotions sont alors plus supportables, mais aboutissent de la même manière à ne rien dire, avec une bonne excuse. Si j'ai souvent ce type de comportement inhibé, les conséquences peuvent être importantes. Tout d'abord, j'obtiens peu de choses concrètes, car je les demande rarement. Je garderai une bonne relation avec les autres, ne serait-ce que parce que je suis « gentil ». Par contre, il en découlera trois effets néfastes pour moi : l'effet « bonne poire », l'effet hyperprotecteur et l'effet agressif.

• **L'effet « bonne poire »** est le plus fréquent. Il s'agit en fait du sentiment, et aussi de la réalité, que les autres profitent de nous.

• **L'effet hyperprotecteur** correspond aux personnes qui conseillent, qui savent toujours ce que nous devons faire, qui prennent notre défense devant les autres.

• **L'effet agressif** est représenté par les personnes ayant habituellement un comportement agressif et qui, de préférence, s'en prendront aux sujets qui ne se défendent pas ou mal.

Les conséquences relationnelles d'un comportement inhibé prédominant ne sont donc pas négligeables et entraînent un effet de stress pénible et nocif, qui peut aboutir à de l'anxiété et à de la dépression.

C'EST FAUX !

« Pour être sûr d'obtenir ce qu'on veut, il faut "gueuler" ! »

Cette affirmation peut être vraie, seulement en partie…
Quand on demande, même de manière agressive, on a plus de chances d'obtenir quelque chose que si on ne le demande pas… Mais bien moins que si la demande se fait avec les méthodes de l'affirmation de soi.

▷ *Le comportement agressif*

J'interviendrais alors de manière « musclée » : « Ne vous gênez pas, passez devant tout le monde, non mais pour qui vous prenez-vous ? À la queue, comme tout le monde ! »

Le comportement correspond alors exactement à ce que pense et ressent la personne, mais ne tient absolument pas compte de la position de l'interlocuteur : *a priori*, ce dernier est jugé négativement : « Il l'a fait exprès », ce qui n'est pas sûr !

Si une personne a souvent des comportements agressifs, on constate qu'il obtient plus de choses qu'avec un comportement inhibé… Au moins parce qu'il les demande, et parfois parce que les autres le craignent ou désirent « avoir la paix ». Par contre, au niveau relationnel, les conséquences sont plus graves, les conflits sont nombreux et l'isolement fréquent. Il est en effet difficile de vivre avec quelqu'un qui est irritable, méfiant, et avec lequel il faut souvent se justifier.

Le stress est important et se manifeste par une réactivité émotionnelle, des colères. On a affaire, dans les cas les plus typiques, au comportement de type A déjà décrit dans cet ouvrage, qui favorise les problèmes de cholestérol et de maladies cardio-vasculaires.

▷ *Le comportement affirmé*

Je réagirai alors de la manière suivante :

« Excusez-moi… Je pense que vous ne m'avez pas vu… C'est mon tour pour la caisse, je suis vraiment désolé ! »

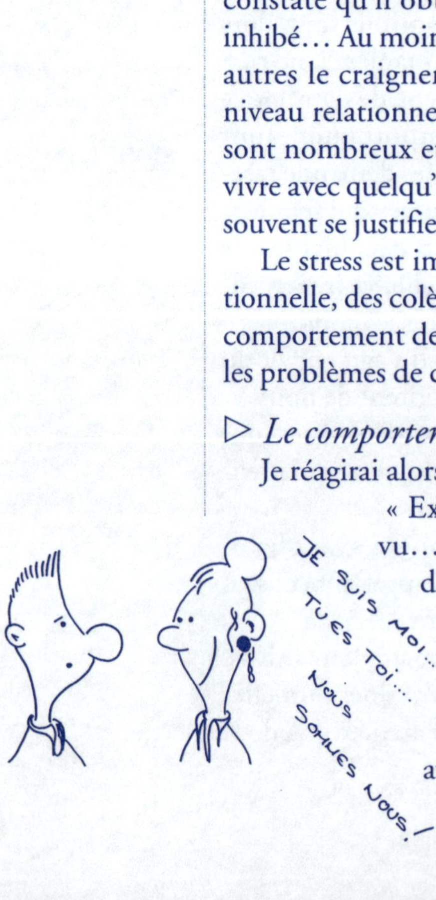

La verbalisation correspond **très exactement à ce que pense la personne** et, ainsi, les chances d'obtenir sa place dans la file d'attente tout en conservant la meilleure relation possible avec l'interlocuteur sont optimales.

Quand une personne développe un comportement affirmé, elle obtient beaucoup plus de choses concrètes qu'avec un comportement agressif ou inhibé : **demander gentiment, poliment, mais fermement, est donc très profitable.**

Au niveau relationnel, les conséquences sont également bonnes puisque les personnes affirmées sont en général jugées plutôt sympathiques, mettant les autres à l'aise, mais également sachant ce qu'elles veulent et ne se laissant pas faire : « C'est oui quand c'est oui, non quand c'est non, peut-être quand c'est peut-être. »

Enfin, les sujets présentant un comportement affirmé prédominant sont beaucoup moins stressés, dépressifs ou anxieux.

Il est donc particulièrement utile de s'entraîner à l'affirmation de soi. Cet entraînement permet d'acquérir un savoir-faire relationnel comparable à ce qu'est le solfège pour la musique. Apprendre le solfège n'est généralement pas passionnant mais permet de se sentir plus à l'aise avec la musique, donc de se sentir moins frustré et moins stressé !

▶ L'affirmation de soi

Une fois l'écoute bien établie, nous savons avec une bonne probabilité de certitude dans quelle situation nous nous trouvons : formuler une demande, accepter, refuser, recevoir ou faire une critique, un compliment, entretenir une conversation.

Pour chacune de ces situations, il existe un savoir-faire particulier et efficace permettant de faire face, mais toutes les conduites à tenir ont comme point commun le plan suivant :

- Avoir en tête une idée précise et concrète.
- Avoir une bonne idée de la position de l'autre.
- S'exprimer précisément et directement.
- Persister si c'est nécessaire.
- Terminer chaleureusement.
- Adapter le non-verbal (mimique faciale, regard, volume, timbre et fréquence de la voix, etc.) au contenu du message.
- Appliquer les trois « ne pas » :

– ne pas se justifier ;

– ne pas dériver ;

– ne pas trop expliquer.

Les trois « ne pas » jouent un rôle décisif dans l'affirmation de soi. En effet, se justifier aboutit fréquemment à se mettre en position défensive, ce qui est souvent la moins bonne manière de se défendre… Dériver comporte le risque de « perdre le fil » du sujet et de s'éparpiller. Trop expliquer se transforme en général en justification.

Chacun d'entre nous peut se constituer une « boîte à outils » permettant de faire face aux différentes situations relationnelles. L'acquisition des compétences sociales augmente le sentiment de confiance en soi et de sûreté, et diminue considérablement le stress. Cette boîte à outils comporte plusieurs instruments, pour lesquels il est utile de s'entraîner jusqu'à les maîtriser dans tout le panel des situations.

Voici une liste de ces instruments :

▷ *Fournir de l'information*

L'expression verbale doit être claire et précise, plus spécifique que générale, autrement dit porter sur un ou des faits particuliers, et non pas sur un ensemble de faits non déterminés. Une information générale serait : « Je trouve que tu es souvent absent ! » ; une information spécifique serait : « J'ai remarqué que, lundi, mercredi et vendredi, tu es arrivé en retard au travail… »

▷ *Utiliser le disque rayé*

Répéter les demandes, les réponses, les avis, est souvent nécessaire. La technique du disque rayé consiste à répéter l'information de manière de plus en plus calme et chaleureuse, mais fermement.

▷ *Se révéler aux autres*

Dans cette méthode, il s'agit d'exprimer un sentiment ou un avis personnel. Les formules comme : « Je suis très content… », « Ça me gêne… », « Je me sens soulagé… », etc., aident à la communication.

▷ *Demander l'autorisation*

Il s'agit de vérifier si l'autre est disponible pour écouter ou bien de mettre en place cette disponibilité. Le fait de demander : « Est-ce que je peux vous parler une minute ? » rend l'autre plus attentif à ce que nous allons lui dire.

▷ *S'affirmer avec empathie*

C'est exprimer à l'autre ce que je comprends de sa position ou de son problème, par exemple : « Je pense que cette situation est très contrariante pour vous… »

Cette liste de techniques en communication pourrait être allongée, mais savoir utiliser celle-ci permet de se sortir sans stress d'un grand nombre de situations. Et quand nous savons de quelle manière procéder, nous sommes plus sûrs de nous.

▶ L'affirmation de soi et la critique

Afin d'illustrer comment fonctionne l'affirmation de soi, prenons l'exemple d'*une critique négative que nous recevons.*

La méthode la plus souvent employée est la suivante :

1. Tout d'abord, calmer les émotions à l'aide de la relaxation rapide précédemment décrite.

2. Écouter le reproche.

3. Définir de quel type de critique il s'agit : est-ce une critique justifiée, injustifiée ou vague ?

4. Vérifier si l'interlocuteur a raison et connaître quelles sont ses raisons.

5. Adapter son comportement au type de critique.

Conduite à tenir pour les critiques

Calmer les émotions
↓
Écouter attentivement
↓
Déterminer le type de critique
↓
Vérifier si l'interlocuteur a raison et connaître ses raisons
↓
Adapter son comportement au type de critique

Justifiée
- Reconnaître la critique
- Utiliser le disque rayé
- Terminer chaleureusement

Injustifiée
- Rétablir la vérité
- Utiliser le disque rayé
- Terminer chaleureusement

Vague
- Faire préciser la critique

Ou bien :
- Réponse vague ou générale : ne pas entrer dans la discussion
- Terminer chaleureusement

▷ *La critique est justifiée*

Reconnaître immédiatement ses torts, ce qui est souvent la meilleure manière d'en limiter les conséquences ; persister, si nécessaire, à l'aide du disque rayé, qui consiste à répéter la même chose en s'adaptant aux circonstances, en devenant de « plus en plus gentil », tout en restant ferme ; et enfin, terminer chaleureusement, par exemple en remerciant.

Exemple : **Mireille** travaille dans un syndicat d'initiative.
Martine, sa collègue, lui fait la remarque suivante : « Ça fait deux fois que tu arrives avec 10 minutes de retard ! »
La réaction habituelle de Mireille est de « démarrer au quart de tour », de se sentir vite agressée et de répondre « du tac au tac ». Cela a souvent entraîné des problèmes relationnels et une réaction de stress importante.
L'application de la méthode a donné le résultat suivant :
1. Je respire très lentement et calme ma colère.
2. Ensuite, je pense :
• « Je suis effectivement arrivée deux fois en retard. »
• « Si j'étais à la place de Martine, je ne serais pas contente. »
3. Je reconnais immédiatement les faits :
Mireille : « Tu as tout à fait raison, j'ai été en retard, et je trouve normal que tu sois contrariée, excuse-moi… » [Fournir de l'information.]
Martine : « Je ne voulais pas t'embêter avec ça… Ce n'est rien finalement. »
Mireille : « Je suis vraiment désolée. » [Se révéler aux autres.]
Martine : « Ce n'est rien, je comprends ! »
Au bout du compte, ce qui aurait pu déboucher sur un conflit ou un malaise se transforme en compréhension mutuelle.

▷ *La critique est injustifiée*

Après s'être relaxé et avoir écouté précisément ce en quoi l'autre peut avoir raison et quelles sont ses raisons de faire ce reproche, rétablir la vérité, de manière directe et claire, sans agressivité, mais fermement. L'utilisation du disque rayé est souvent utile.

Exemple : **Julien** est en colère contre Bernard : « C'est impossible de travailler dans ces conditions… Vous avez oublié de marquer vos vacances et maintenant vous décidez de les prendre du 2 juillet au 2 août… »
Bernard applique alors la méthode :
1. Je calme mes émotions avec une respiration lente.
2. Je pense : « Il est en colère, donc quelque chose cloche,

c'est normal, avec les plannings, il y a toujours des problèmes. » [Analyse de la position de l'autre.]

3. Je m'affirme :

Bernard : « J'ai bien déposé mes vacances en temps voulu, donc il y a un malentendu. » [Verbalisation directe et précise.]

Julien : « Si vous aviez déposé vos vacances en février, ce serait marqué ! »

Bernard : « Je ne sais pas ce qui s'est passé… J'ai marqué mes vacances comme convenu, je m'y suis pris à temps, elles doivent donc être marquées… » [Disque rayé.]

Julien : « Je ne sais pas ce qui s'est passé alors… »

Bernard : « Je comprends que ce soit contrariant… Les plannings sont toujours difficiles à faire, j'ai effectivement bien posé mes vacances en février comme convenu… Je pense que nous pourrions chercher une solution la plus profitable pour tout le monde. » [Disque rayé, poser le problème de manière constructive, terminer chaleureusement].

▷ *La critique est vague*

Deux possibilités existent :

1. Il est intéressant de faire préciser la critique afin de connaître exactement ce qui nous est reproché.

2. Il n'est pas souhaitable de rentrer dans les détails de la critique. C'est souvent le cas lorsque nous sommes agressés sans raison et que le fait de discuter nous ferait perdre trop de temps et d'énergie. Cela augmenterait inutilement le « coût » du désagrément !

Exemple : Un père parle du club de football dans lequel joue son fils à l'un des responsables : « Tout va mal en ce moment au club… »

Comportement adapté du responsable :

1. Relaxation rapide.

2. Je pense : « La critique est vague. Dans ce cas, il vaut mieux la préciser. »

3. Je m'affirme et me positionne :

Le responsable : « Qu'avez-vous remarqué exactement ? C'est important pour nous de le savoir. » [Faire préciser la critique.]

Le père : « Les vestiaires ne sont pas chauffés… La dernière fois, mon fils a pris froid… Et puis les heures d'entraînement… C'est difficile d'être à l'heure… »

Le responsable : « Donc, les vestiaires et les horaires… »

Le père : « Euh… Oui… »

Le responsable : « Effectivement, pour les vestiaires, ce serait important que le chauffage soit installé… Peut-être pourriez-vous en parler directement à la prochaine assemblée générale ? Il serait intéressant de débloquer un budget. Qu'en pensez-vous ? » [Accord avec l'interlocuteur, sollicitation de son aide.]

Le père : « Oui, j'en parlerai. »

Le responsable : « Pour les horaires, par contre, je crains de ne rien pouvoir changer… Nous avons eu effectivement beaucoup de mal à trouver un accord la dernière fois : un horaire fait toujours des mécontents ! » [Fournir de l'information.]

▶ Les conduites à tenir

Des « plans d'action » ont été mis au point afin d'**adapter la conduite à tenir aux circonstances**.

En voici une liste non limitative. Ces conduites représentent un guide plutôt qu'une règle à suivre minutieusement.

▷ *Émettre une critique*

Émettre une critique est délicat. Le risque de vexer l'interlocuteur est élevé et, cependant, ne pas exprimer sa critique entraîne souvent des conséquences négatives.

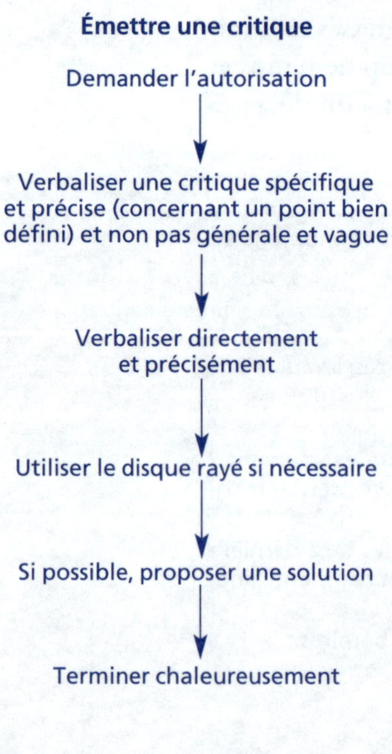

La méthode consiste à formuler ses critiques toujours de manière constructive, en gardant bien à l'esprit la nécessité de maintenir une bonne relation avec l'interlocuteur.

Les conséquences fructueuses de cet entraînement sont de pouvoir verbaliser ce que l'on pense avec un impact négatif moindre et un impact positif renforcé.

Les autres prennent petit à petit l'habitude qu'« avec vous, on sait toujours à quoi s'en tenir, que vous dites ce que vous pensez », mais que cela ne met pas en danger la relation.

La communication devient beaucoup plus confortable et le stress s'en trouve diminué. Le schéma ci-contre présente un plan d'action efficace pour formuler une critique constructive.

Exemple : Christine est infirmière. Elle doit faire une remarque à Martine, sa collègue.

Christine : « Est-ce que je peux te parler une minute ou deux ? As-tu le temps ? » [Demander l'autorisation.]

Martine : « Oui, bien sûr, qu'y a-t-il ? »

Christine (qui sait que Martine est un peu susceptible) : « Surtout je ne voudrais pas que tu le prennes mal, mais tu sais, je préfère dire les choses plutôt que de ne rien dire… »

Martine : « Vas-y… »

Christine : « Quand je prends ta suite dans le service, je ne trouve pas le relevé des tensions. C'est normalement à toi de le faire… Pourrais-tu y penser, ça m'aiderait vraiment ! » [Verbalisation directe, précise et spécifique.]

▷ *Formuler une demande*

Beaucoup d'entre nous n'osent pas demander un service à l'autre, ou même simplement ce qui correspond à nos droits.

La peur de déranger ou de ce que les autres vont penser est alors au premier plan. Quand on se frustre à ne pas formuler ses demandes, on est sujet à des ruminations pénibles, centrées sur nous-mêmes ou sur les autres, telles que : « Il faut toujours demander. Les gens devraient comprendre ce qui m'est dû ! », « Ce n'est pas normal d'avoir à quémander… » Ces pensées s'accompagnent de mouvements d'humeur alimentant le stress. Le coût de la difficulté de faire des demandes n'est pas négligeable, autant au niveau concret, puisque celui qui ne demande rien n'obtient rien ou peu de choses, qu'au niveau émotionnel, car il en découle énervement et découragement. Inversement, savoir demander permet tout d'abord de constater que, très souvent, on obtient ce qu'on a demandé, et, d'autre part, que la relation avec les autres ne se détériore pas, voire s'améliore. Demander est simple. Le schéma ci-contre est un guide utile pour effectuer une demande.

Formuler une demande

Demander l'autorisation

↓

Verbaliser directement et précisément la demande

↓

Utiliser le disque rayé si nécessaire

↓

Vérifier que la demande est acceptée

↓

Terminer chaleureusement

Après tout, le pire que nous risquons, **c'est simplement de ne rien obtenir**, autrement dit, nous n'avons rien à perdre !

Exemple : **Sylvie** a besoin d'un service et le demande à sa voisine par téléphone.

Sylvie : « Allô, Raymonde, bonjour… Je m'excuse de te déranger, est-ce que je peux te demander un service ? » [Demander l'autorisation.]
Raymonde : « Bonjour… Oui, que veux-tu ? »
Sylvie : « En ramenant tes enfants de l'école tout à l'heure, pourrais-tu également prendre Émilie (la fille de Sylvie) ? »
Raymonde : « Oui, bien sûr, pas de problème. »
Sylvie : « Tu es sûre que ça ne te dérange pas ? » [Vérification de l'acceptation.]
Raymonde : « Non, absolument pas. »
Sylvie : « Vraiment je te remercie, ça me rend un grand service. » [Terminer chaleureusement.]

▷ *Accepter ou refuser*

Répondre par « oui » est en général assez facile… Sauf quand ce « oui » n'est pas souhaitable et que la vraie réponse est « non » ! Dans ce dernier cas, le stress apparaît…

Savoir dire « non » quand c'est « non », oui quand c'est « oui », « peut-être » quand c'est « peut-être », a l'avantage de clarifier les rapports humains. Les autres savent donc à quoi s'en tenir par rapport à nous, ce qui diminue beaucoup la fréquence des malentendus, des critiques indirectes et améliore notre relation avec les autres, ne serait-ce qu'en les habituant à la possibilité d'un refus.

Le prix du maintien d'une bonne relation ne devrait pas correspondre à un comportement inhibé. Nous risquons d'obtenir… l'inverse de ce que nous désirons, c'est-à-dire, à la longue, une détérioration du rapport avec l'autre. Le schéma ci-contre présente la marche à suivre pour accepter ou refuser dans des conditions optimales.

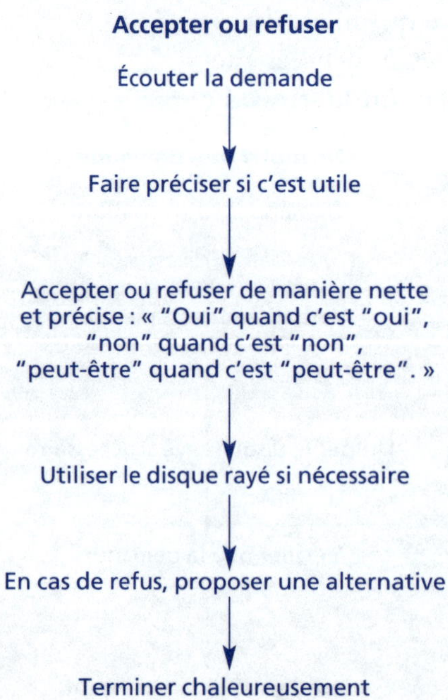

Exemple : Gérard demande un service à Mireille : « Peux-tu tenir un stand à la fête de l'école samedi prochain ? »

Mireille : « Ça consiste en quoi exactement, c'est-à-dire quel stand, combien de temps, à partir de quelle heure ? » [Faire préciser.]

Gérard : « Il faudrait être là vers 15 heures pour tout préparer, la fête commence à 18 heures et se termine le soir, après le départ de tout le monde… »

Mireille : « Non, je ne peux pas… Ce que je peux faire, c'est aider pour installer et ranger, mais pas pour le stand. » [Réponse claire et précise, ne se justifie pas, ne dérive pas, n'explique pas, mais propose ce qu'elle peut faire.]

Gérard : « Si tu peux venir pour aider, c'est déjà ça… Alors rendez-vous à 15 heures… »

▷ *Faire un compliment*

« Les bons comptes font les bons amis », mais « les petits cadeaux entretiennent l'amitié. »

Exprimer aux autres ce qu'ils ont fait de bien ou ce que nous pensons de positif sur eux, une fois les premières méfiances et résistances surmontées, donne un résultat impressionnant sur l'ambiance relationnelle générale. Notre culture est en effet assez pessimiste, et nous manquons parfois beaucoup de renforcements, ce qui peut aboutir à un sentiment de découragement, voire de dépression. Souligner régulièrement les côtés positifs chez l'autre est particulièrement rentable : ce que nous arrosons va pousser, et il vaut mieux arroser ce que nous désirons ! Si nous ne faisons remarquer que ce qui ne va pas chez l'autre, il y a une forte probabilité qu'il ne développe que ce qui ne nous convient pas. Inversement, les remarques positives encouragent le positif. Se reporter au schéma ci-contre pour connaître la marche à suivre.

Faire un compliment

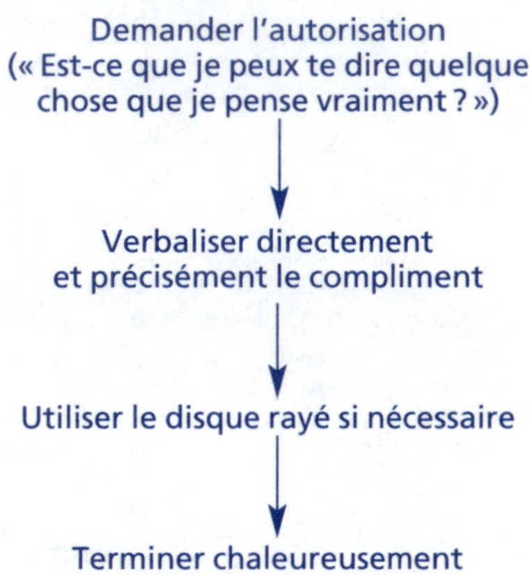

Exemple : Fabrice à Julie : « Bonjour, Julie… Est-ce que je peux te dire quelque chose que je pense vraiment ? » [Demander l'autorisation.]

Julie, un peu méfiante : « Oui… bien sûr. »

Fabrice : « Le dossier que tu as rendu mercredi dernier est

parfait… Je trouve vraiment qu'il s'agit d'un très bon travail… » [Verbalisation directe et précise.]

Julie, rougissante : « Je te remercie, mais vraiment ça n'est rien… » [Julie minimise son travail, ce qui est assez fréquent.]

Fabrice : « Si, c'était parfait, j'y tiens… » [Utilisation du disque rayé.]

▷ *Savoir recevoir un compliment*

Recevoir un compliment peut être paradoxalement ressenti comme gênant et pénible. L'accepter est, dans ce cas, souvent vécu comme un manque de modestie, ou une « dette à rembourser ». La plupart du temps, les personnes ayant du mal à accepter les compliments ont une vision assez pessimiste des choses et se renforcent peu elles-mêmes. Elles ont tendance à voir ce qui ne va pas chez elles, plutôt que ce qui va bien.

D'autre part, refuser un compliment est souvent très gênant pour la personne qui l'a fait… et aboutit à de moins en moins de compliments, donc de plus en plus de critiques !

S'habituer à recevoir correctement les compliments, en utilisant les méthodes de renforcement décrites plus haut, et s'habituer aussi à faire soi-même des compliments réalistes aux autres a une influence bénéfique sur l'ambiance relationnelle générale, donc sur le stress. Le schéma ci-dessus présente le « plan d'action » pour recevoir un compliment en toute sérénité.

Recevoir un compliment

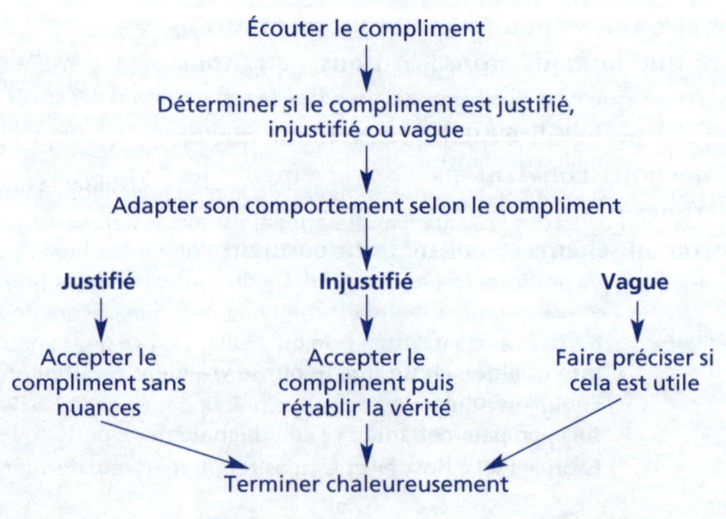

Exemple : **Pierre et Julienne** sont mariés.
Julienne : « Je suis très contente de ton aide pour les devoirs de Jean-François… Je n'arrivais plus du tout à le supporter… »
Pierre : « Ça me fait plaisir de t'aider… Qu'est-ce qui a été le plus utile et comment puis-je continuer à jouer mon rôle ? » [Acceptation du compliment sans condition, précision du compliment.]

▷ *Engager la conversation*

Les situations de conversation sont inévitables et souvent source de malaise : « Je ne sais pas quoi dire… », « Qu'est-ce qu'ils vont penser de moi ? », « Je rougis trop… »

Les conversations permettent cependant de lier connaissance, d'apprendre à se sentir à l'aise avec les autres, et également de mettre à l'aise autrui. Il serait dommage de se priver de ces moments de rencontre, de convivialité, qui ont l'avantage, bien sûr, d'améliorer la qualité de vie, mais qui sont également source d'enseignement et de meilleure connaissance du milieu dans lequel nous avons à intervenir (professionnel, social et même familial).

Le premier savoir-faire à acquérir est d'engager la conversation, en suivant le plan du schéma ci-contre. L'habileté à parler de choses simples, dont le seul but est de mettre en place la « scène de théâtre », en prenant le moins de risques possibles d'être gênant pour l'autre, deviendra vite, avec un peu d'entraînement, une habitude qui s'avérera rentable.

Engager la conversation

Choisir un sujet simple, tiré en général du contexte

↓

Parler plutôt de soi

↓

Choisir des sujets positifs

Exemple : **Jean** assiste à une petite réception juste après le concert de l'école de musique dans laquelle son fils prend des cours.
Il y a beaucoup de monde, et il se retrouve un peu seul au milieu des autres.
Il s'adresse au voisin immédiat : « Je n'en reviens pas des progrès des enfants. En une année, ils savent déjà assez jouer pour présenter un spectacle… Vous connaissez bien l'école de musique ? » [Sujet simple issu du contexte, plutôt positif.]
Interlocuteur : « Oui, c'est sûr. Chaque année, ils font un très bon travail dans cette école ! »
Jean : « Bertrand, c'est mon fils, a commencé la clarinette il y a tout juste un an. Au début, ce n'était pas évident… » [Parle de soi, c'est-à-dire, dans ce cas, de son enfant, plutôt que de ceux de l'interlocuteur.]

Poursuivre une conversation

Utiliser les composantes verbales et non verbales adaptées : écoute participante et active

↓

Poser des questions ouvertes, qui impliquent une réponse plus ample, plutôt que fermées (par exemple, « Que pensez-vous d'Annecy ? » induira une réponse plus détaillée que « Aimez-vous Annecy ? » à laquelle il peut suffire de répondre par « oui » ou « non »)

↓

Révélation sur soi, le cas échéant

↓

Explorer un objet de conversation qui soit vous passionne, soit a l'air de passionner votre interlocuteur

▷ *Poursuivre une conversation*

Une fois commencée, la conversation peut toutefois rapidement s'arrêter… Il s'agit parfois d'un moment gênant.

Savoir poursuivre une conversation permet d'aller plus loin : recueillir plus d'informations et mettre à l'aise autrui.

Exemple : Voyons comment la conversation entre Jean et son voisin s'est poursuivie :

Interlocuteur : « Moi aussi, j'ai deux enfants à l'école… La petite fille là-bas… Émilie, et le grand garçon là-bas… Jérémie. C'est sûr que c'est du travail pour eux et pour nous ! » [Écoute participante.]

Jean : « Comment faut-il s'y prendre ? Bertrand à un moment ne voulait plus jouer, je me suis demandé s'il ne s'agissait pas de l'instrument qui ne lui plaisait plus… » [Parler de soi, question ouverte.]

Interlocuteur : « Il vaut mieux persister… Et ne changer que si on est sûr. J'ai eu le même problème avec les deux et j'ai tenu bon… Je ne le regrette pas ! »

Jean : « Je pense que je vais faire comme vous si ça se représente… Je me demande si je ne vais pas moi-même me mettre à la musique ! Ça me plairait beaucoup ! » [Exploration d'un sujet de conversation.]

▷ *Mettre un terme à une conversation*

Parfois, nous sommes en situation inverse : trop parler fait perdre du temps et fait dériver.

C'est le cas de la multiplication des réunions ou des discussions interminables concernant un problème que seule l'action pourrait régler. Il devient alors utile de savoir mettre un terme à une conversation, tout en maintenant un bon contact avec l'interlocuteur, en suivant le « plan d'action » ci-contre.

Mettre un terme à une conversation

Demander l'autorisation
(« Est-ce que je peux vous interrompre ? »)

↓

Arrêter fermement la discussion,
révélation sur soi, le cas échéant

↓

Utiliser le disque rayé si nécessaire

↓

Terminer chaleureusement

Exemple : **Gérard** est médecin et reçoit beaucoup de coups de téléphone.

Mme Gros est au bout du fil :

« Voilà docteur, je vous téléphone pour savoir s'il serait mieux pour moi de consulter un spécialiste… Mes amis me disent de le faire, mon mari me dit que non… Je voudrais votre avis… »

Médecin : « Je m'excuse de ne pouvoir le faire maintenant, madame Gros, je pense que c'est un problème important… Il faut prendre le temps d'en discuter afin de choisir la meilleure solution… Tout de suite, je ne peux pas vous répondre… Pourriez-vous passer, avec votre mari, jeudi prochain à 10 heures ? »

[Affirmation de soi empathique, proposition d'un compromis.]

Mme Gros : « C'est que, docteur, il me faudrait votre avis, je ne sais vraiment pas quoi faire, j'ai mal au dos et on m'a dit qu'une opération pourrait être nécessaire… »

Médecin : « C'est un problème délicat, je n'ai pas le temps d'en discuter de manière sérieuse tout de suite, nous verrons ça jeudi avec tout le temps nécessaire, c'est important pour vous ! Bien, je vous quitte, à jeudi 10 heures, au revoir madame Gros ! » [Utilisation ferme du disque rayé.]

Comme je le disais au début, chacun des plans présentés ci-dessus est un guide utile et non pas une règle intangible. La conduite à tenir sera adaptée à chaque situation, mais, d'une manière générale, il s'agit d'obtenir une chose concrète, d'exprimer un avis ou un sentiment, tout en maintenant une bonne relation avec l'interlocuteur. Cela a un impact non négligeable sur le stress, car la relation à autrui influe sur notre qualité de vie : quand je me sens bien avec les autres, et que ces derniers se sentent bien avec moi, la probabilité de bonheur devient importante !

RÉSUMÉ

L'affirmation de soi

Il existe **trois types de comportements : inhibé, agressif et affirmé.**

• Quand une personne a un **comportement inhibé prédominant**, elle obtient peu de choses concrètes et doit subir les effets « bonne poire », hyperprotecteur et agressif. Le sentiment d'être stressé est fréquent, l'évolution dépressive n'est pas rare.

• Quand une personne présente un c**omportement agressif fréquent**, elle obtient plus de choses concrètes qu'avec un comportement inhibé. Au point de vue relationnel, les conflits sont nombreux et l'isolement fréquent. Le risque de maladies cardio-vasculaires, lié au stress correspondant à ce qui est appelé le type de comportement A, est plus élevé.

• Avoir un comportement affirmé permet d'obtenir le plus de choses concrètes et la meilleure relation possible avec les autres. Il s'agit donc du comportement le plus intéressant pour la gestion du stress.

Quand un sujet est exposé à des stresseurs relationnels importants, il devient utile de s'entraîner à l'affirmation de soi, dans les différentes situations en cause.

EXERCICE

Pratiquer l'affirmation de soi

L'observation

Observez une situation relationnelle dans laquelle vous éprouvez une réaction émotionnelle ou de stress.

1. À quel type de situation cela correspond-il : expression d'une demande, d'une acceptation, d'un refus, d'un avis, d'une opinion, d'une critique, d'un compliment ou engagement, poursuite ou arrêt d'une conversation ?

2. Le stress relationnel a-t-il un rôle important dans l'ensemble des situations stressantes auxquelles vous êtes soumis ? Quelle est la proportion en pourcentage ?

3. Si le score est au-delà de 40 %, quelles sont les situations les plus éprouvantes et les plus répétitives ?

Deux possibilités d'entraînement existent.

A. Faites un plan le mieux approprié à la situation principale.

1. Quelle est la meilleure manière de régler le problème pour améliorer la relation avec l'autre et pour me sentir bien après ?

2. Quels sont les outils dont je dispose pour gérer cette situation ?

• Entraînez-vous progressivement, d'abord en imagination, comme on apprend une leçon ou comme on répète un rôle de théâtre, jusqu'à ce que la conduite à tenir paraisse claire.

• Une variante consiste à imaginer une autre personne habituellement à l'aise dans la situation et à imiter sa façon de faire, en imagination d'abord puis en réalité.

• S'il est possible d'affronter directement la situation en réalité, passez à l'action et mesurez le résultat : « Ai-je obtenu ce que je désire ? » La relation avec l'interlocuteur est-elle maintenue ou améliorée ?, « Est-ce que je me sens mieux après ? »

• Si la situation principale peut être affrontée par petites étapes, préférez cette voie et exposez-vous progressivement en mesurant à chaque fois les résultats obtenus.

3. Répétez souvent l'exercice, jusqu'à ce que l'habitude s'installe.

B. De manière générale, les situations de la vie courante, comme demander un renseignement dans un magasin ou dans la rue, sont plus faciles à affronter que les situations professionnelles ou intimes. L'entraînement sur les étapes faciles prépare les étapes plus difficiles.

1. Dressez une liste des situations en fonction de leur difficulté et commencez par la situation la plus facile.

2. Répétez souvent l'exercice, jusqu'à ce que l'habitude s'installe.

partie

4

Comment mener une vie sans stress ?

chapitre 8

Adopter une bonne hygiène de vie

chapitre 9

Adopter une vraie philosophie de vie

chapitre

8

Adopter une bonne hygiène de vie

Quand le stress persiste, surtout durant la période d'adaptation, nous avons tendance à utiliser des moyens « pour tenir le coup », nous stimuler ou nous calmer, comme le tabac, l'alcool et l'alimentation.

Ces moyens ont presque tous un effet bénéfique, à court terme. À moyen ou long terme, ils deviennent néfastes, soit en augmentant encore plus le stress, soit en ayant des conséquences malheureuses, comme la constitution d'une obésité, un dérèglement du cholestérol, le développement d'un cancer…

Un autre effet du stress est l'accélération du rythme de vie : le travail prend souvent de plus en plus de place, les temps de repas, de sommeil, de week-end, d'activité physique se retrouvent réduits, ajoutant à la mauvaise qualité de la récupération et de « reconstitution » des réserves.

Tout cela aboutit généralement à une mauvaise hygiène de vie, qui aggrave en cercle vicieux les problèmes de stress, et qui génère souvent des maladies graves.

LE RÔLE DE L'ALIMENTATION

L'augmentation des **triglycérides** sanguins, au même titre que le cholestérol, correspond le plus souvent à une alimentation trop riche en graisses et favorise les maladies cardio-vasculaires.

Nous vivons dans une société « suralimentée », et les problèmes de surcharge pondérale sont fréquents. Les conséquences sur la santé sont importantes, avec la constitution de maladies métaboliques comme le diabète, l'hypercholestérolémie, l'augmentation des **triglycérides**, les maladies cardio-vasculaires. Ces derniers désordres peuvent également exister sans surcharge pondérale, ce qui n'en diminue pas la gravité : un infarctus peut faire mourir une personne grosse… ou maigre !

Le stress joue un rôle non négligeable dans ces dérèglements alimentaires, de deux manières :

• le fait de manger, surtout des produits sucrés, mais pas uniquement, calme. En cas de stress, une personne peut prendre l'habitude de grignoter. L'effet bénéfique est rapide et renforce le fait de manger davantage. Une évolution boulimique est alors possible et correspond à une perte de contrôle sur la quantité de nourriture consommée, nécessitant un traitement médical spécialisé ;

• l'effet de précipitation, l'ingurgitation rapide des aliments, le déséquilibre entre lipides, protides, glucides dans la composition des repas aboutissent à une alimentation de mauvaise qualité, souvent trop riche en graisses.

Les repas, le grignotage rythment nos journées, depuis le matin jusqu'au soir, sous forme d'habitudes difficiles à modifier tant elles sont prises dans le quotidien. Quand ces habitudes sont mauvaises, le seul changement possible consiste à… mettre en place de nouvelles habitudes !

Il est en effet important de se méfier des régimes « agressifs », qui entraînent généralement, après un amaigrissement rapide, une reprise de poids, souvent supérieure à la perte de poids précédente !

Le propre d'une bonne hygiène alimentaire est d'apporter une alimentation suffisante, un plaisir important et une bonne santé.

Exemple : **Georges** est cadre commercial. Il n'a jamais le temps… Dès le matin, il est pressé, son petit déjeuner consiste à avaler à toute vitesse une tasse de café brûlant, qu'il prend souvent en se rasant et en fumant sa première cigarette.

Dans sa voiture, il a pris l'habitude de manger des bonbons acidulés et des petits gâteaux. Vers 13 heures, il prend un

rapide repas dans une cafétéria ou bien déjeune copieusement avec un client.
L'après-midi, il grignote des petits gâteaux secs. Le soir, il mange beaucoup et, selon lui, bien trop, un repas bien arrosé, sans pouvoir se retenir. Le bilan calorique de chaque journée est très lourd, avec une surconsommation en sucres et en graisses et un rythme de prise alimentaire mauvais pour la santé : pas de repas le matin, grignotage toute la journée, repas déséquilibré à midi, soit trop rapide, soit trop copieux, repas déséquilibré le soir, trop riche, alors que la nuit approche. La prise de poids en quatre ans a été de 20 kg.

▶ Comment équilibrer son alimentation ?

Équilibrer son alimentation en fonction de ses besoins a un effet décisif sur la santé, la qualité de vie et donc le stress.

Une alimentation bien équilibrée apporte le « carburant » nécessaire à la dépense énergétique quotidienne sans augmenter les réserves graisseuses.

Quelques points sont importants à connaître :

▷ *Des repas « raisonnés »*

Il est intéressant de manger en fonction des efforts à fournir, et le petit déjeuner est souvent négligé dans notre pays. Beaucoup d'entre nous ont pris l'habitude de partir le « ventre vide ». Cela se traduit généralement par des repas trop riches à midi et le soir. Le repas du soir surtout est souvent de trop ! Il a lieu habituellement assez tard, donc juste avant de dormir, et, durant la nuit, l'assimilation de la nourriture et sa transformation graisseuse est plus efficace, dans un moment où la dépense énergétique est peu importante : la nuit, la « nourriture profite davantage » et fait grossir.

Un rythme de repas équilibré correspond à un petit déjeuner consistant, un repas de midi répondant aux besoins de l'activité de l'après-midi, et un repas du soir pris assez tôt et plutôt léger, sauf en cas de dépense en énergie importante comme un entraînement sportif.

▷ *Un régime « pensé »*

La nature de l'alimentation est également à prendre sérieusement en considération. Nos régimes sont souvent déséquilibrés, avec trop de viande, de graisses, de sucres d'assimilation rapide (gâteaux, boissons, glaces, bonbons, chocolats), pas assez de sucres d'assimilation lente comme le riz, les pâtes, et trop peu de fibres (légumes et fruits également chargés en vitamines).

Un repas équilibré apportera donc suffisamment de fibres, sous forme de salade, légumes, peu de viande, de charcuterie, de fromage (la quantité de protéines et de graisses utiles étant faible), et, en cas d'effort physique important, des sucres d'assimilation lente comme les pâtes, le riz, les féculents.

Le problème avec les « bonnes choses » comme le fromage, les viandes, les sauces, la charcuterie, les desserts sucrés n'est pas, bien sûr, dans la consommation épisodique, mais uniquement dans les prises régulières quotidiennes… Un excès de temps en temps ne fait pas de mal, un excès chaque jour ruine la santé.

En cas de difficultés à s'alimenter correctement, une méthode intéressante de contrôle de l'alimentation consiste à procéder à une observation, sur une journée type :

• de la répartition des prises alimentaires : repas, grignotage, boissons ;

• des aliments consommés selon le type et la quantité.

À partir de cette observation, les erreurs diététiques sont facilement repérables. Il suffit d'essayer de les corriger tout d'abord de manière simple.

▷ *Quelques règles élémentaires*

Si le rythme des repas est déséquilibré, par exemple pas de petit déjeuner, repas du soir trop copieux, essayez un changement en commençant par mettre en place un **petit déjeuner plus conséquent**, même en se forçant, et un **repas du soir léger** (par exemple, un potage et un fruit) et pris beaucoup plus tôt que l'heure habituelle. Au bout de quelques jours, l'habitude sera prise et vous vous sentirez bien mieux.

CONSEIL

En cas de grignotage fréquent

S'il est impossible, dans un premier temps, d'arrêter de grignoter, il est intéressant de remplacer les aliments caloriques par des produits non caloriques : par exemple, des pommes vertes, des friandises sans sucre. Il en est de même pour les boissons.

En cas de grignotage fréquent, la plupart des gens arrivent à le supprimer en… **supprimant la source :** plus de petits gâteaux, cacahuètes, barres chocolatées dans la voiture, au bureau, etc.

Si la composition des repas est déséquilibrée : trop de viande, charcuterie, fromages, sucres, commencer par les fibres : salades vertes ou composées en grande quantité, et **ne s'autoriser que le plat principal**, si possible avec une viande maigre, comme le poulet.

Quand ces règles diététiques simples ne peuvent pas être suivies, le problème alimentaire est devenu une **addiction**, c'est-à-dire une habitude dont on ne peut plus se passer. Il devient important de le traiter avec l'aide d'un médecin spécialisé, jusqu'à ce qu'un résultat satisfaisant soit obtenu.

Addiction : besoin de consommer un produit ou de pratiquer un comportement. Quand ce besoin n'est pas satisfait, un état de manque très inconfortable ou douloureux apparaît. (Exemples : tabagisme, boulimie, sport intensif.)

Reprenons l'exemple de Georges, qui n'a jamais le temps et qui mange tout le temps. Voici le relevé résumé de son alimentation d'une journée :

Exemple :

Mercredi	Aliments
Petit déjeuner	Un café
Voiture, durant les trajets	En tout : 2 paquets de bonbons, 1 paquet de petits gâteaux
Bureau	Cafés (au moins 3), 2 barres de Mars
Repas de midi	Charcuterie, bifteck frites, camembert, feuilleté, café
Après-midi et en voiture	Bonbons
Repas du soir	Un pastis, charcuterie, pâtes, viande de porc, 3/4 bouteille de vin, fromages, 2 crèmes glacées devant la télévision

Ce relevé met clairement en évidence deux types d'erreurs diététiques :

1. Au niveau de la répartition des repas : pas de petit déjeuner, un repas du soir trop chargé, trop de grignotage.
2. Au niveau de la composition des repas : trop de sucres rapides, de charcuterie et de graisses. La consommation d'alcool est surtout importante le soir.

La prise de poids de 20 kg en quatre ans s'explique très bien par ce style d'alimentation.

Georges a organisé ses repas de manière différente avec des règles simples :
1. Petit déjeuner complet avec biscottes, café, un gâteau de riz.
2. Repas de midi avec un seul plat et une salade.
3. Repas du soir pris plus tôt, et plus léger : une salade, un potage, un fruit.
4. Plus de grignotage, en supprimant tous les bonbons et les gâteaux mangés dans la voiture et au bureau. Les petites faims insurmontables ont été calmées par des pommes.
Les résultats ont été rapides, la perte de poids a été de 15 kg en une année et se maintient trois ans après.

EXERCICE

Observer son alimentation

1. Ai-je un surplus de poids, et/ou des problèmes de cholestérol, de triglycérides ou de diabète ?
2. Dans ce cas, comment se répartissent mes repas ?
3. Quels types d'aliments est-ce que je consomme en trop ?
4. Quelles sont les modifications à apporter à mon régime alimentaire ?
5. Mettre en route un programme simple d'équilibrage de l'alimentation en fonction des besoins caloriques et de leur répartition dans le temps.

Si je n'arrive pas en quinze jours à modifier mon alimentation, il est utile de me poser le problème d'une addiction alimentaire et de la traiter avec l'aide d'un médecin.

LE RÔLE DU SOMMEIL

Le sommeil est un besoin, dormir est indispensable.

Une bonne récupération physique et intellectuelle ne peut se faire que si le temps de sommeil est suffisant ; d'autre part, il est intéressant de savoir que **nous apprenons en dormant !**

Le sommeil permet d'intégrer l'information de la journée et joue un rôle considérable dans les processus de mémoire. Trop restreindre le temps de sommeil augmente la fatigue et diminue les aptitudes à l'apprentissage et à la mémorisation, ce que ne souhaite généralement personne.

Le stress a souvent un impact sur le rythme du sommeil et *vice versa.* Il s'agit soit d'une insomnie liée à l'anxiété et à la stimulation, soit d'une tendance, très répandue chez les personnes actives, à retarder l'heure du coucher, et cela dans le but d'allonger le temps de travail, ou bien pour « profiter » d'un moment « agréable » et « retarder la journée du lendemain, source de problèmes ».

▷ *La télévision, la coupable ?*

Elle occupe souvent une place prépondérante dans cette « insomnie volontaire », et de nombreuses personnes restent devant leur écran, le plus souvent en zappant, jusqu'à ce que l'épuisement prenne le dessus. Quand ce phénomène se produit, le temps de récupération n'est plus suffisant, et la fatigue, l'irritabilité et le stress augmentent. Une **insomnie rebelle** peut par la suite s'installer.

Exemple : **Benoît** est infirmier-surveillant dans un service de médecine stressant : beaucoup d'hospitalisations à gérer, de nombreux problèmes avec le personnel du service.
Ses journées sont bien remplies, mais depuis quelques mois, avant de venir me consulter, il appréhendait souvent le moment de commencer son travail. Le soir, en rentrant chez lui, il aurait aimé que ses soirées ne finissent pas et avait progressivement pris l'habitude de lutter contre le sommeil pour retarder l'heure du coucher… qui le rapprochait de la journée du lendemain. Il en était arrivé à suivre les émissions de télévision jusqu'à une heure avancée du petit matin, moment où il réussissait alors à aller se coucher. Le lever était devenu de plus en plus difficile, et la fatigue, l'irritabilité avaient envahi son quotidien. Malgré cela, c'était devenu plus fort que lui : dès le soir venu, il retardait l'heure du coucher.

▷ *Le travail et les voyages, des ennemis ?*

Un autre type de trouble du sommeil peut être induit par le rythme de travail trop intense et les voyages trop nombreux. Par exemple, une personne travaillant en deux-huit, et *a fortiori* en trois-huit, souffrira régulièrement d'un trouble du sommeil souvent difficile à traiter. Le travail de nuit a également une répercussion fréquente sur les cycles de sommeil et diminue sa qualité.

Les personnes voyageant beaucoup par ligne aérienne dérèglent fréquemment leur sommeil. Cela touche le personnel navigant mais également les hommes d'affaires prenant beaucoup l'avion.

▶ L'organisation du sommeil

Le temps nécessaire de sommeil est variable d'une personne à l'autre. Certains d'entre nous ont besoin de beaucoup dormir,

> **INFORMATION**
>
> Nous considérons que le temps et la qualité du sommeil sont bons quand un sujet se réveille spontanément, se lève facilement, en forme, avec le sentiment d'avoir passé une bonne nuit.

d'autres moins. D'autre part, certains dorment beaucoup en durée, mais ont le sentiment que la nuit s'est mal passée, se réveillent difficilement, plutôt fatigués. Parfois, ils font l'objet de réveils fréquents, qui peuvent donner l'impression d'avoir passé une nuit blanche. C'est le cas des personnes qui comptent les heures, tout en dormant entre chaque éveil !

Un réveil matinal précoce avec des difficultés de rendormissement doit toujours faire penser à un syndrome dépressif nécessitant un traitement spécifique afin d'éviter une mauvaise évolution.

La notion de mauvais sommeil est donc subjective.

Tout autre type de réveil indique un mauvais sommeil et donc un problème à explorer.

▶ Que faire en cas de trouble du sommeil ?

La première étape est d'analyser son trouble de sommeil.

▷ *S'agit-il d'un problème d'endormissement ?*

• La plupart du temps, les personnes se couchent, essaient de « s'endormir par la volonté », ce qui est impossible, puisque cela augmente la vigilance ! Parfois, les rituels pour s'endormir se multiplient : boules Quies, masque de nuit, nécessité d'un « silence absolu »… Ces derniers aggravent l'insomnie. En effet, essayer de supprimer tout bruit ou tout ce qui peut attirer l'attention stimule… S'efforcer de ne pas entendre un bruit est le meilleur moyen de lui donner de l'importance. Le simple fait de se donner une injonction, comme « Arrête de penser à ça ou à ci », oblige justement à penser à la chose en question.

• D'autres personnes transforment leur lit et leur chambre à coucher en bureau ou en endroit de loisir et même parfois en « salle à manger ». Travailler au lit,

manger au lit associent l'heure du sommeil à une activité, et ne favorisent pas le sommeil.

De ce constat découle un conseil simple : **réserver le lit uniquement au sommeil et à la sexualité**. Je ne reste dans mon lit que si je dors. En cas d'insomnie, je me relève et me recouche dès que j'ai sommeil en évitant durant mon lever des activités trop stimulantes.

▷ *La démarche pour y remédier*

Au moment de l'endormissement, la méthode de relaxation rapide, telle que celle décrite plus haut dans cet ouvrage, associée à l'évocation d'images, de souvenirs ou de projets agréables, peut être très efficace.

Si je fais partie des personnes retardant le moment de me coucher et de m'endormir, je peux me poser une série de questions utiles :

1. Dans quel état de fatigue serai-je demain matin ?

2. Quand je dors assez, dans quel état suis-je le lendemain pour affronter ma journée, d'un point de vue physique et moral ?

3. Est-ce que ce que je fais le soir est réellement si intéressant ?

4. Est-ce que les émissions de télévision comme les séries américaines sur lesquelles je zappe m'apportent quelque chose ?

5. Ne suis-je pas devant mon petit écran simplement pour retarder l'heure du coucher et donc l'arrivée du lendemain ?

Une fois ces quelques questions posées, il devient intéressant de faire une **rééducation du coucher**. Dès que je sens le sommeil arriver, je me laisse aller à dormir en me disant que réellement il s'agit d'un très bon moment, d'une chance de pouvoir dormir et l'occasion d'une bonne récupération pour le lendemain. Le fait de se relaxer, les yeux fermés, et de penser à des choses agréables peut être d'une aide précieuse.

Si je me réveille la nuit et que je n'arrive pas à me rendormir, la méthode consiste à me lever plutôt que de rester dans mon lit à attendre le sommeil tout en m'énervant. Une fois debout, dans une autre pièce, je peux pratiquer la relaxation ou lire un peu jusqu'à ce que le sommeil arrive.

Ne retourner dans mon lit que pour dormir !

CONSEIL

Réserver les activités rébarbatives pour les périodes d'insomnie

En cas de réveil la nuit avec impossibilité de se rendormir, un moyen souvent efficace consiste à accomplir une activité ennuyeuse ou à lire un texte rébarbatif... jusqu'à ce que le sommeil arrive !

▷ *S'agit-il d'un problème de décalage horaire ?*

En cas de cycle de sommeil perturbé par la façon de travailler ou les voyages fréquents entraînant des changements de fuseaux horaires, le problème est beaucoup plus difficile à traiter. En effet, il faut savoir que ce type d'activités entraîne pratiquement toujours des problèmes d'organisation du sommeil.

▷ *La démarche pour y remédier*

Conserver le **maximum de régularité possible** est le but à atteindre et reste réalisable, par exemple dans le cas d'un voyage épisodique ouest-est en avion (origine du fameux *jet-lag*) ou bien d'une unique nuit blanche. Il suffit alors de conserver le rythme habituel de sommeil (par exemple, se coucher un peu plus tôt que l'heure habituelle le lendemain en conservant la même heure de réveil). Tout malaise sera évité de cette manière.

Cela devient difficile si la fréquence des voyages et des ruptures de rythme est accompagnée de la nécessité de changer toutes les habitudes de vie !

Dans le cas d'activités du type deux-huit ou trois-huit, de voyages fréquents avec décalage des fuseaux horaires, il est très utile de **maintenir des périodes de plus de six jours avec les mêmes horaires**, temps minimal nécessaire pour habituer les variables biologiques à un nouveau rythme.

Quand il s'agit d'un travail décalé avec une certaine régularité, par exemple une activité de nuit, il est fortement conseillé (mais pas toujours pratique...) de conserver le même rythme, même durant les périodes de repos.

Si les conseils ci-dessus, bien que correctement appliqués, ne suffisent pas, le trouble du sommeil nécessite certainement un traitement plus spécifique et plus spécialisé. Une consultation auprès de votre médecin traitant s'impose afin de mieux explorer le problème, de décider des examens complémentaires et des consultations spécialisées nécessaires. Les médicaments ne seront utilisés que de manière très ponctuelle, et il faut se méfier de toute prise sur plus de sept nuits. Le risque de dépendance devient alors très important. Les troubles graves du sommeil peuvent nécessiter une hospitalisation en milieu spécialisé.

EXERCICE

Optimiser son sommeil

Si je me lève le matin en bonne forme, l'esprit clair sans fatigue, mon sommeil est assez bon, quelle qu'en soit la durée. Dans tous les autres cas, mon sommeil n'est pas assez réparateur et interfère probablement avec mon efficacité.

Si mon sommeil n'est pas assez réparateur, comment « fonctionne-t-il » ?

1. Ai-je du mal à m'endormir ?
2. Ai-je des réveils nocturnes fréquents ?
3. Ai-je tendance à retarder l'heure du coucher volontairement ?
4. Suis-je soumis à des perturbations du rythme de sommeil (travail en deux-huit ou trois-huit, voyages en avion) ?

Endormissement difficile et réveils nocturnes fréquents

1. Ne restez au lit que pour dormir !
2. Pratiquez des exercices de relaxation rapide, centrés sur l'obtention d'un rythme respiratoire qui entraîne de la somnolence.
3. N'utilisez pas votre volonté. Les petites phrases du type : « Il faut que je dorme ! » en général… réveillent !
4. N'insistez pas si vous n'arrivez pas à vous relaxer ; relevez-vous, faites une activité alternative, même désagréable, comme le repassage ou la lecture d'un article rébarbatif. Ne retournez au lit que pour dormir.
5. Remplacez les « rituels » d'endormissement (masque, boules Quies, etc.) par la relaxation, des exercices de méditation ou de concentration sur des images agréables et calmes.

Heure du coucher retardée

Posez-vous les questions suivantes :
1. Dans quel état de fatigue serai-je demain matin ?
2. Quand je dors assez, dans quel état suis-je le lendemain pour affronter ma journée, d'un point de vue physique et moral ?
3. Est-ce que ce que je fais le soir est réellement si intéressant ?
4. Est-ce que les émissions de télévision comme les séries américaines sur lesquelles je zappe m'apportent quelque chose ?
5. Ne suis-je pas devant mon petit écran simplement pour retarder l'heure du coucher et donc l'arrivée du lendemain… qui viendra quand même ?

Perturbations involontaires dans le rythme de sommeil

1. Si vous subissez des variations importantes dans les cycles de sommeil, et que ces variations sont fréquentes, conservez le **maximum de régularité possible**, ce qui est assez réalisable pour les ruptures de rythme épisodiques, mais impossible quand ces ruptures sont trop nombreuses.
2. Si vous passez une nuit sans dormir, couchez-vous un peu plus tôt le lendemain soir, et conservez la même heure de réveil.
3. Dans le cas d'activités du type deux-huit ou trois-huit, de voyages fréquents avec décalage des fuseaux horaires, maintenez des périodes de plus de six jours avec les mêmes horaires, temps minimal nécessaire pour habituer les variables biologiques à un nouveau rythme.
En cas de travail régulier décalé, par exemple activité de nuit, il est fortement conseillé, si c'est possible, de conserver le même rythme, même durant les périodes de repos.

LE RÔLE DE L'ACTIVITÉ PHYSIQUE

Nos vies deviennent de plus en plus sédentaires. Les trajets se font souvent en voiture, et le travail est pour la plupart d'entre nous intellectuel.

L'activité physique est donc réduite. Pourtant, l'**activité physique protège !**

Notre corps fonctionne à l'inverse d'une machine ; pour le conserver en bon état, il faut s'en servir suffisamment : « Plus on s'en sert (raisonnablement…), moins il s'use ! » Une activité physique suffisante rend plus fort, plus résistant et aussi plus calme.

Elle est également source d'un équilibre psychologique très recherché, comme le disent souvent les personnes concernées : « Mon jogging, c'est ma bouffée d'oxygène », « La montagne, pour moi, c'est nécessaire à mon équilibre », « Si je ne fais pas de vélo dans la semaine, il me manque quelque chose… », « Je me sens vivre avec mon jardin, bêcher, planter, récolter… Ça me fait un bien fou ! »

Ainsi, le sport, la marche, le jardinage sont une question de santé.

En pratique, quelques bonnes habitudes sont à prendre et le plus souvent faciles à mettre en place. Le plus simple est de favoriser dans sa vie quotidienne tout ce qui peut être physique, par exemple marcher pour ses déplacements, monter les étages en prenant l'escalier plutôt que l'ascenseur, éviter les tapis roulants et escalators en tout genre.

Il est ensuite intéressant de programmer une activité un peu plus sportive ou physique une à deux fois par semaine, telle qu'une marche, une course à pied, une sortie à bicyclette.

Il est souhaitable de favoriser les sports de fond plutôt que ceux nécessitant des efforts brefs et intenses. D'ailleurs, la pratique de ces derniers, dans tout bon entraînement, est couplée à des exercices de fond. Se remettre au sport de manière brutale, sans préparation, peut être extrêmement dangereux, surtout quand l'âge avance ! Les médecins installés dans les stations de sports d'hiver ne comptent plus les fractures, les accidents dus à

CONSEILS

Ne pas mettre en route une activité physique importante sans entraînement préliminaire. Toujours reprendre un sport très progressivement, surtout après quarante ans !

Deux façons de faire sont envisageables pour se maintenir en forme physique quand nous sommes trop sédentaires :
1. favoriser la moindre activité physique dans notre quotidien (marcher, éviter les ascenseurs, tapis roulants et escaliers mécaniques) ;
2. prévoir un certain temps de loisir pour les occupations physiques, plutôt de fond, comme la course à pied, les promenades, la bicyclette, le jardinage, etc., en choisissant celles qui apportent le plus de bien-être, de plaisir et de sentiment de réalisation personnelle.

un manque d'entraînement des skieurs avant qu'ils se lancent sur les pistes. Le risque cardio-vasculaire est également élevé si le cœur n'a pas été préparé progressivement à une activité plus intense que d'habitude.

Le choix d'une occupation est tout à fait personnel : tous les goûts sont dans la nature, et le plaisir qui en est retiré est l'un des critères principaux, surtout quand il s'agit d'un loisir. D'autre part, cette activité doit s'intégrer dans le mode de vie habituel et être rapidement praticable : faire de la voile en habitant le XVe arrondissement de Paris sera difficile à aménager.

Exemple : **Julienne**, quarante ans, se fatiguait assez rapidement dès qu'il s'agissait de faire un effort physique. Elle se sentait vieillir et trouvait son corps « flasque ». Le bilan des activités d'une semaine habituelle a mis en évidence que toutes ses activités étaient sédentaires : au moins huit heures par jour derrière un bureau, pas d'activité physique en dehors du travail.
Julienne, de plus, avait horreur du sport !
La première étape a consisté à favoriser dans sa journée toutes les petites activités physiques possibles : escaliers, marche pour aller déjeuner en dehors de l'entreprise, porter les documents plutôt que d'appeler le commissionnaire…
Julienne a alors été surprise de prendre du plaisir à monter les escaliers au fur et à mesure qu'elle se sentait moins essoufflée !
Nous avons alors cherché une activité physique possible pour elle et qui ne serait pas vécue comme contraignante : la danse jazz a fait l'affaire et, depuis maintenant deux ans, Julienne sait qu'elle ne pourrait plus se passer de cette occupation. Elle se sent de plus beaucoup mieux dans son corps.

EXERCICE

Trouver une activité physique

Ai-je assez d'activités physiques dans mon quotidien ?

Si vous jugez vos activités physiques insuffisantes :

1. Repérez tous les trajets, même courts, que vous pourriez faire à pied plutôt qu'en empruntant un moyen de locomotion.
2. Évitez soigneusement les ascenseurs, escalators, tapis roulants.
3. Choisissez une activité physique agréable, ou la plus agréable possible, et programmez-la si possible avec quelqu'un d'autre : avoir rendez-vous rend plus facile le déplacement.
4. Mettez en route cette activité progressivement et répétez-la souvent.
5. Si l'occupation choisie devient désagréable, n'insistez pas, choisissez une autre occupation, l'expérience montre que trop se forcer aboutit à abandonner !
6. Soyez très vigilant au plaisir ressenti, à la sensation de bien-être et de calme souhaitables.

Si vous avez du mal à vous mettre à l'occupation programmée, utilisez la méthode TIC-TOC, précédemment exposée, avec les questions suivantes :

1. Comment est-ce que je me sens après avoir fait mon activité ?
2. Comment est-ce que je me sens si je ne la fais pas ?
3. Quels sont les avantages que je retire à la pratiquer, et quels en sont les inconvénients ?

L'ENGRENAGE DES HABITUDES TOXIQUES

Le stress coexiste souvent avec des habitudes toxiques, qui sont habituellement des solutions à court terme, employées pour améliorer les performances ou pour se calmer. À moyen et long terme, les effets nocifs voire dramatiques apparaissent… Avec au moins une aggravation du stress lui-même.

Les principaux produits utilisés sont le tabac, l'alcool, le café, les médicaments, et quelques produits illicites comme le cannabis, mais parfois, plus gravement, les amphétamines et la cocaïne.

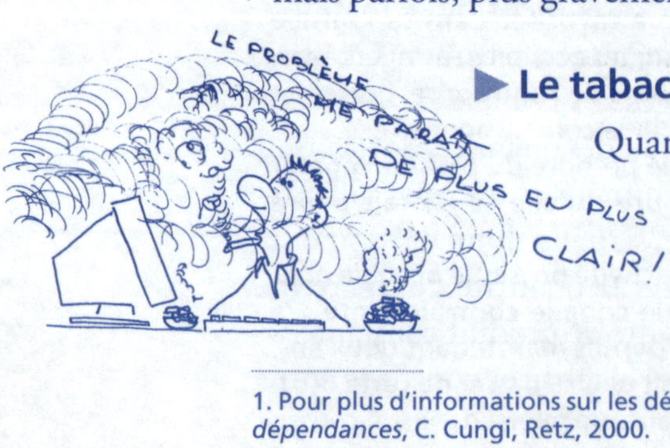

▶ Le tabac[1]

Quand Jean Nicot, ambassadeur de France à Lisbonne, envoya en 1561 à Catherine de Médicis du tabac afin de la soulager de ses migraines, il ne pensait certainement pas que son nom serait

1. Pour plus d'informations sur les dépendances et comment les traiter, lire *Faire face aux dépendances*, C. Cungi, Retz, 2000.

associé à un produit dont la consommation annuelle a atteint, au cours de ces dernières années, des chiffres impressionnants.

En 1960, la production mondiale de tabac était de 3,6 millions de tonnes ; en 1993, elle atteignait 8,5 millions de tonnes.

Le tabac est surtout consommé sous forme de cigarettes. Chaque fumeur a ses habitudes : tabac blond ou brun, cigarettes légères ou « normales », avec filtre ou sans filtre, parfums envoûtants ou légers, façon de fumer, lieu où fumer, personne(s) avec qui fumer, dans quelles circonstances…

La plupart du temps, l'addiction s'installe progressivement. Le premier contact se fait fréquemment (mais pas toujours) dès l'adolescence, avec les amis, pour faire comme tout le monde, puis, petit à petit, on fume pour gérer le stress, avoir du plaisir, et enfin il devient difficile de s'en passer.

▷ *Les effets nocifs du tabac*

La consommation augmente régulièrement, le plus souvent jusqu'à un paquet et demi à deux par jour, souvent plus. Le cortège des petits et gros problèmes de santé arrive plus tard.

La nicotine est le produit le plus souvent mis en cause dans l'effet de dépendance. Il s'agit d'une substance qui agit sur le système nerveux central : elle stimule dans un premier temps puis calme. Elle améliore l'attention, la concentration et facilite certains apprentissages. Son action sur la sécrétion d'adrénaline favorise l'éveil et diminue la fatigue. Ces effets sont recherchés systématiquement par les fumeurs désirant une sensation de calme et de bien-être, tout en augmentant la sensation de contrôle sur les situations. Les effets désagréables imputables à la nicotine se manifestent surtout quand une personne commence à fumer. Ce sont principalement des nausées et des vertiges.

On a démontré qu'un fumeur supportait des quantités de nicotine beaucoup plus importantes qu'un non-fumeur et que, par ailleurs, une personne dépendante avait tendance, si on lui donnait à son insu des cigarettes moins dosées, à augmenter la quantité de cigarettes consommées, donc à conserver une quantité de produit constante.

La nicotine est toujours présente dans le tabac et constitue entre 0,5 et 1,4 % du poids sec. Elle n'est cependant pas seule en cause

INFORMATION

Les statistiques montrent qu'un demi-paquet de cigarettes par jour sur quinze ans diminue globalement l'espérance de vie de deux années et demie, et qu'un paquet de cigarettes par jour la réduit de cinq années.

dans l'effet de dépendance. En effet, de nombreuses autres substances comme la nicotelline, la myosine, la pyrolidine sont de plus en plus étudiées et mises en cause de ce point de vue.

Les dangers principaux d'une consommation régulière de tabac sont maintenant bien connus.

Tout d'abord, la nicotine agit sur le système cardio-vasculaire par accélération du rythme cardiaque et augmentation de la tension artérielle. Cet effet fatigue le cœur et participe de manière importante au risque d'**angine de poitrine** et d'**infarctus du myocarde**.

Elle perturbe également le fonctionnement des plaquettes sanguines qui servent à la coagulation du sang en augmentant leur adhésivité. Cela favorise les **thromboses** et l'**athérome**, donc les **accidents vasculaires cérébraux** et l'**artérite** des membres inférieurs.

Le tabagisme cumulé avec de mauvaises habitudes alimentaires et un rythme de vie sédentaire potentialise leurs effets toxiques ; ils constituent à eux trois l'une des premières causes de maladies cardio-vasculaires. Un risque particulier s'ajoute chez la femme quand elle associe tabac et pilule.

L'oxyde de carbone produit par la combustion du tabac entraîne, lui, une diminution de l'efficacité de l'hémoglobine. Ce serait comme si le fumeur vivait en permanence à plus de 2 000 mètres d'altitude. L'**hypoxie** peut devenir dangereuse chez un patient souffrant des coronaires !

Il est scientifiquement bien établi que la consommation régulière de tabac favorise fortement les cancers des bronches, du larynx, mais aussi, ce qui est moins bien connu, de la vessie. À première vue, il n'existe pas actuellement de cancer de la vessie sans tabagisme. La fumée de tabac étant irritante, elle a des conséquences directes sur la paroi des bronches sous forme d'inflamma-

Angine de poitrine : douleur généralement au niveau de la poitrine et correspondant à des lésions des artères coronaires. Ces douleurs apparaissent surtout à l'effort.

Infarctus du myocarde : oblitération des artères coronaires dont le risque principal est l'arrêt cardiaque.

Thrombose : formation de caillots dans les vaisseaux.

Athérome : lésion des artères caractérisée par leur épaississement et leur durcissement.

Accidents vasculaires cérébraux : oblitération partielle ou totale d'un ou plusieurs vaisseaux cérébraux entraînant le plus souvent une perte de connaissance accompagnée de paralysies plus ou moins complètes touchant le visage et les membres.

Artérite : inflammation ou lésion dégénérative des artères.

Hypoxie : diminution du taux de l'oxygène dans le sang.

tion et de sécrétions, diminue la mobilité des cils chargés d'évacuer les sécrétions. Cela amène à la longue la « toux du fumeur », qui est une **bronchite chronique** particulièrement difficile à supporter, qui peut devenir invalidante. Tous les fumeurs se plaignent de manque de souffle.

Bronchite chronique : inflammation chronique des bronches dont le risque principal est l'insuffisance respiratoire.

En résumé, fumer n'est pas bon pour la santé... Ce que presque tous les fumeurs savent ! Le savoir n'est donc pas suffisant pour arrêter.

▷ *Qui fume ?*

La consommation générale diminue depuis cinq ans environ, et cela est probablement dû à une meilleure campagne d'information contre le tabagisme. En 1985, en France, 80 % des hommes et 50 % des femmes fumaient.

Cette diminution est cependant à pondérer : les femmes consomment de plus en plus, et les tranches d'âge jeunes sont également plus touchées. Le tabagisme passif a également un rôle important, bien souligné ces dernières années (une augmentation de la mortalité de 20 % serait constatée chez les non-fumeurs exposés au tabagisme).

▷ *Les « plaisirs » du tabac*

Le rôle social du tabac est évident. La plupart des fumeurs commencent avec d'autres fumeurs. Les cigarettes s'échangent et s'offrent, elles permettent de faire partie du groupe et donnent une certaine contenance. Fumer devient un acte social, souvent associé à des moments agréables.

Dans le même ordre d'idée, chaque fumeur a un style particulier qui le caractérise : façon d'allumer ses cigarettes, circonstances pour fumer, type de tabac. Il se sent plus à l'aise avec ses habitudes et dans son « identité » de fumeur.

Le tabac permet de diminuer le stress et l'anxiété, de mieux se concentrer sur ce qu'on a à faire, souvent de mieux mémoriser.

Il soulage aussi immédiatement l'effet de manque.

Le tabac apporte un grand plaisir et fait partie d'une certaine qualité de vie. Plaisir lié au produit lui-même, mais également aux circonstances dans lesquelles il est consommé. Il existe par ailleurs toute une culture tabagique concernant les marques, les origines des tabacs, un peu comparable à ce qui se passe pour les vins. Le plaisir « oral » n'est donc pas absent et devient une habitude importante dans la vie du fumeur, que l'on pourrait comparer au plaisir de manger ou de boire.

Le tabac est irritant, mais cela n'est pas seulement désagréable. Avec l'effet de chaleur dans la bouche, les sensations d'âpreté sont souvent recherchées par les fumeurs.

Fumer, c'est souvent moins manger et peut permettre de garder la ligne ! Inversement, arrêter le tabac s'accompagne souvent d'une prise de poids, parfois mal supportée.

Enfin, fumer, c'est consommer, et consommer, c'est souvent agréable.

Avantages et inconvénients du tabac	
Avantages	**Inconvénients**
Améliore l'attention et la concentration.	Favorise les maladies cardio-vasculaires : angine de poitrine, infarctus, artérite, hypertension artérielle.
Améliore l'acquisition de certains apprentissages.	Entraîne une bronchite chronique avec insuffisance respiratoire responsable d'une dégradation des performances physiques.
Diminue la fatigue et augmente la vigilance.	Favorise fortement les cancers des bronches et de la vessie.
Donne du plaisir immédiat et fait partie d'une certaine qualité de vie.	Potentialise les effets négatifs d'un régime alimentaire déséquilibré, de la sédentarité et de la prise de contraceptifs œstroprogestatifs.
Favorise les échanges sociaux.	Dépendance par rapport à un produit et nécessité de toujours en disposer.
Donne une certaine contenance, un style de comportement.	Fumer coûte cher.
Calme immédiatement l'effet de manque, permet de mieux gérer le stress, l'anxiété.	Fumer est souvent désagréable pour les autres.
Permet souvent de diminuer les apports alimentaires, donc de ne pas prendre de poids.	Fumer est dangereux pour les autres (tabagisme passif).
Les avantages sont presque toujours à court terme ou immédiats, les inconvénients sont presque toujours à long terme et concernent surtout la santé. **Les avantages arrivent donc bien avant les inconvénients et cela joue certainement un rôle important dans le maintien de l'habitude toxique.**	

Exemples : **Marc et Sophie** vivent en couple depuis douze ans. La quarantaine tous les deux, ils fument régulièrement depuis l'adolescence. Les cigarettes rythment tous les événements de leur vie, depuis le lever jusqu'au coucher. Dès le matin, la toux et les odeurs de tabac froid rappellent la nécessité de prendre une nouvelle cigarette avant le petit déjeuner, déjà dans la salle de bains.

Durant le petit déjeuner, la seconde cigarette fait du bien et prépare la journée.

Leurs enfants, Caroline et Sophie, respectivement âgées de dix et huit ans, rouspètent de plus en plus contre les odeurs et la fumée de tabac, surtout pendant les trajets en voiture, qu'elles ne supportent plus, et elles présentent très souvent de petits problèmes d'infection ORL.

Cela culpabilise bien sûr un peu Marc et Sophie, mais il leur est impossible d'arrêter de fumer. Au travail, tout le monde fume, et les pauses servent à se relaxer… en fumant. Le tabac leur permet de mieux se concentrer et de se détendre s'ils sont stressés.

Sophie avait essayé, il y a deux ans, d'arrêter de fumer et était devenue tellement irritable que Marc lui avait demandé de reprendre ! Elle avait, par ailleurs, pris beaucoup de poids durant le mois d'arrêt, ce qu'elle a très mal supporté.

Marc, lui, arrive à tenir une demi-journée sans cigarettes, mais cela le rend fou ! Leur consommation respective est d'environ deux paquets par jour.

Marc et Sophie se plaignent de ne pas être en bonne forme physique, de manquer de souffle et d'avoir de plus en plus de problèmes de bronchite et de laryngite. Ils ont suivi une émission de télévision sur la trachéotomie des personnes ayant subi une ablation chirurgicale du larynx et ont pris peur. Cela a motivé une demande d'aide pour arrêter de fumer.

Exemple : **Jérôme**, quarante-sept ans, est médecin. Il fume depuis ses études, et le tabac lui servait à l'origine à mieux se concentrer et à rester éveillé la nuit pour travailler ses examens et durant ses gardes.

Il a essayé plusieurs fois d'arrêter de fumer sans succès, malgré les encouragements (et les reproches) de son épouse, qui elle n'a jamais touché une cigarette.

L'arrêt de la consommation entraînait de l'irritabilité, mais surtout un état anxieux important qu'il n'arrivait pas à contrôler.

Il fume entre chaque consultation, sur son balcon, quel que soit le temps, froid ou chaud, pluie ou neige ! C'est son « espace de liberté ».

Il ne se sent pas crédible quand il conseille à ses patients d'arrêter de fumer, d'autant plus que nombre d'entre eux lui ont fait remarquer que lui-même n'y parvenait pas. D'autre part, il commence à se sentir moins bien physiquement et tousse souvent. Son épouse supporte de plus en plus mal le tabac, et cela commence à poser quelques problèmes plus sérieux dans son couple.

▷ *Évaluer sa dépendance au tabac*

Le tableau suivant permet de déterminer la dépendance au tabac. Il suffit d'entourer les chiffres correspondant à vos réponses puis de faire le total.

Échelle de dépendance à la nicotine de Fageström[2]		
Quand fumez-vous votre première cigarette ?	Dans les cinq minutes après le lever	3
	Entre cinq minutes et une demi-heure après le lever	2
	Entre trente minutes et soixante minutes après le lever	1
	Au moins une heure après le lever	0
Est-il difficile pour vous de ne pas fumer dans les endroits dans lesquels c'est interdit ou peu souhaitable (lieux publics, restaurants non fumeurs, église, etc.) ?	Oui	1
	Non	0
Quelle est la cigarette que vous auriez le plus de mal à arrêter ?	La première dans la matinée	1
	Les autres	2
Combien de cigarettes fumez-vous par jour ?	10 ou moins	0
	De 11 à 20	1
	De 21 à 30	2
	31 ou plus	3
Fumez-vous plus les premières heures de la matinée que le reste de la journée ?	Oui	1
	Non	2
Fumez-vous même si vous êtes malade et alité ?	Oui	1
	Non	0
De 0 à 4, vous êtes peu ou pas dépendant. De 5 à 6, vous êtes dépendant. De 7 à 8, vous êtes très dépendant. De 9 à 11, vous êtes très fortement dépendant. *Si le total est supérieur à 5, il existe une dépendance. Plus le total est élevé, plus la dépendance est importante.*		

2. John R. Hughes (dir.), « *Practice guideline for the treatment of patients with nicotine dependence* », *American Journal of Psychiatry*, supplément, n° 153, 1996, p. 4.

▷ *Comment arrêter de fumer ?*

Arrêter de fumer est difficile quand l'addiction est installée… Les effets bénéfiques à court terme sont si importants et le sevrage si pénible à supporter que, malgré l'envie de ne plus fumer, la plupart des gens continuent… ou rechutent !

Le problème est donc à prendre très au sérieux, et sa solution dépend en grande partie de la personne elle-même et de ses habitudes pour faire face en général. Certains d'entre nous préfèrent agir seuls, d'autres font plus facilement appel aux compétences d'autrui, ou au travail de groupe. Il existe également des possibilités d'aide médicamenteuse sous forme de produits nicotiniques. Les tranquillisants sont par contre à éviter, étant donné le risque d'installer une nouvelle dépendance.

Le principe de base à bien admettre avant toute chose, pour avoir une bonne chance de succès, est celui de l'abstinence totale : les réductions progressives, ou « la consommation raisonnable » évoluent régulièrement vers une reprise *ad integrum* de l'addiction.

Les quatre étapes suivantes augmentent les chances de succès :

1. Savoir se motiver et se décider.

2. Analyser sa consommation et mettre en œuvre les moyens concrets qui existent pour arrêter, en anticipant particulièrement le risque de rechute.

3. Passer à l'action.

4. Maintenir l'abstinence.

Ces étapes ont été mises en évidence par deux psychologues américains, Proschaska et Di Clemente[3], dont le travail remarquable a bien précisé de quelle manière aborder un problème de dépendance.

1. *Savoir se motiver assez pour prendre la décision d'abstinence.*

Le sevrage nécessite une très forte motivation, qui peut se construire sur l'analyse des avantages et des inconvénients de la poursuite puis de l'arrêt du tabac. Tant que les avantages de fumer restent supérieurs aux inconvénients et, inversement, que les désa-

3. J. O. Proschaska, C. Di Clemente, « *Transtheoretical therapy : toward a more integrative model of change* », *Psychotherapy : Theory, Research and Practice*, n° 19, 1982, pp. 276-288.

vantages d'arrêter de fumer restent supérieurs aux avantages, il est illusoire de tenter un sevrage. Dès que l'occasion se présentera, une cigarette sera allumée ! La vieille plaisanterie des fumeurs : « Arrêter de fumer, c'est facile ! Moi, j'arrête tous les jours… » prend tout son sens !

Dans les cas de stress, les avantages du tabac sont considérables : il calme l'énervement et les tensions, améliore la performance intellectuelle, permet de mieux se concentrer, apporte un plaisir intense et immédiat… Autant dire que la motivation est difficile à établir sur du positif à court terme, puisque l'arrêt de la consommation entraîne l'inverse : plus d'énervement et d'irritabilité, moins de concentration !

Même si les bénéfices à long terme sont énormes : meilleures santé et forme physique, diminution considérable du risque de maladie grave, amélioration générale du confort de vie pour soi-même et pour les proches et économie réalisée (un fumeur dépense en moyenne 80 € par mois dans l'achat de cigarettes), ils ne contrebalancent que rarement, dans un premier temps, les bénéfices à court terme de continuer de fumer. Si cela était le cas, presque tous les fumeurs arrêteraient. En effet, la majorité d'entre eux ont le plus souvent « intellectuellement » envie de stopper le tabac !

L'envie d'arrêter le tabac augmente en général avec le temps de consommation, au fur et à mesure de l'apparition des conséquences néfastes : souffle court, bronchite chronique, risque cardio-vasculaire plus important. Ces effets néfastes entraînent de l'inquiétude, voire de la peur d'être malade, mais une motivation uniquement construite sur l'angoisse ne suffit pas… Il reste beaucoup plus facile de calmer cette dernière en pensant à autre chose (les sujets ne manquent pas dans la vie stressante), et en allumant une petite cigarette calmante !

Il est donc important de faire une préparation psychologique de sa motivation. La méthode suivante donne souvent un bon résultat.

• Dans un premier temps, **augmentez votre activité physique**, par exemple en ne prenant plus l'ascenseur ou l'escalier roulant, en favorisant la marche et en commençant une activité sportive. Préférez plutôt l'activité physique qui est ménageable dans votre vie quotidienne. Observez votre souffle, dans les conditions actuelles, puis quand vous faites une activité plus intense. Si vous êtes un fumeur, vous allez rapidement constater l'impact négatif du tabac : votre souffle sera plus court, vous allez probablement tousser, votre rythme cardiaque sera élevé et désagréable. Inscrivez vos observations sur un carnet, ou une feuille de papier, et relisez-les plusieurs fois, de manière à bien vous « imprégner de cette triste réalité », qui bien que latente est présente, travaillant dans l'ombre à « détruire » votre santé.

Se dire la vérité n'est jamais mauvais, il s'agit d'un bon point de départ !

• Envisagez, dans un second temps, votre évolution dans cinq ans si vous continuez de fumer : le souffle encore plus court, les risques de cancer, d'infarctus, d'artérite qui se profilent.

Inscrivez vos prévisions sur la même feuille et, de la même manière, imprégnez-vous de « vos estimations pour l'avenir » en les lisant plusieurs fois, jusqu'à ce que vous en perceviez bien la réalité potentielle.

• Imaginez, maintenant, votre état dans les mêmes situations d'effort après trois mois d'arrêt du tabac : comment seront votre souffle, votre forme physique ? Quel plaisir pourriez-vous retirer de cette sensation physique ? Quelles activités auriez-vous envie de faire ou de reprendre ?

• Complétez votre analyse par les bénéfices dans la vie de tous les jours : plaisir d'avoir surmonté le besoin de fumer, plus d'odeurs de tabac froid, air plus sain, plus de répercussions sur la santé de vos proches, etc.

• Après avoir fait le travail précédent, prenez une cigarette et posez-vous les questions suivantes :

– Ai-je envie de fumer ? À combien puis-je évaluer mon envie de fumer sur une échelle de 0 à 100 ? (0 : je n'ai aucune envie de fumer, 100 : j'ai une très forte envie de fumer.)

– Ai-je envie de ne pas fumer ? À combien puis-je évaluer mon envie d'arrêter de fumer sur une échelle de 0 à 100 ? (0 : je n'ai aucune envie d'arrêter de fumer, 100 : j'ai une très forte envie d'arrêter de fumer.)

Vous allez probablement constater en faisant cette petite expérience que vous avez, dans une certaine mesure, à la fois envie de fumer et d'arrêter de fumer ! C'est ce que nous appelons l'**ambivalence**, c'est-à-dire la tendance à avoir envie de deux comportements opposés.

Ambivalence : tendance à souhaiter deux choses contradictoires, ou bien à avoir deux comportements opposés.

Recommencez souvent, par exemple chaque jour, votre expérience, et surtout sans craindre la répétition : **les addictions étant toujours répétitives, il est nécessaire de leur opposer une méthode répétitive.**

• De manière générale, l'ambivalence est peu présente avant les exercices, les sujets préférant plutôt fumer que d'arrêter de fumer. Petit à petit, l'ambivalence augmente par élévation des notes concernant l'envie d'arrêter de fumer. Enfin, dans une troisième période, l'ambivalence diminue, les notes concernant l'envie de fumer diminuant… un peu !

L'exemple suivant montre l'évolution des notes au fur et à mesure de la pratique de l'exercice, pour Jérôme, le médecin de quarante-sept ans déjà cité plus haut.

Exemple :

Graphique représentant l'évolution de l'ambivalence de Jérôme

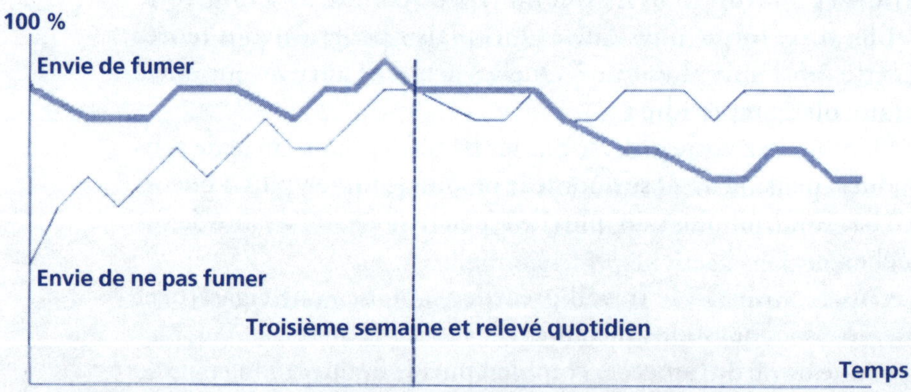

Ambivalence peu élevée :	Ambivalence maximum :	Ambivalence diminuant :
envie de fumer supérieure à l'envie de ne pas fumer.	les envies de fumer et de ne pas fumer deviennent équivalentes.	l'envie de ne pas fumer est supérieure à l'envie de fumer ; **passer à l'action devient possible avec une bonne chance de succès.**

Le croisement des courbes représentant l'envie de fumer et l'envie de ne pas fumer se situe environ à la troisième semaine de relevés et d'exercices. Cela illustre le fait que ce que nous savons intellectuellement ne s'installe réellement dans notre façon de voir les choses qu'**après une longue période de répétition**.

2. *Analyser sa consommation et mettre en œuvre les moyens concrets qui existent pour arrêter de fumer.*

Cela consiste d'abord à évaluer sa consommation quotidienne, comment elle se répartit dans la journée et comment elle évolue en fonction des activités. Quelle est l'influence du travail, des moments de repos et de détente, du contexte relationnel ? Quelles sont les situations à « haut risque » ?

La simple observation permet généralement de mieux comprendre comment fonctionne l'addiction et fait apparaître des solutions. Il faut cependant, dans cette phase, se méfier de « faire comme si » l'on faisait ce travail d'observation en réalité, et de se contenter d'une réflexion plutôt que d'un relevé objectif. En effet, la perception et l'interprétation des choses n'étant pas neutres, nous aurons tendance à percevoir ce que nous attendons plutôt que ce qui se passe vraiment. Et d'autre part, sans relevé objectif, il est impossible d'effectuer le travail de répétition nécessaire pour obtenir un bon résultat. Répéter les observations permet d'intégrer de nouvelles habitudes et est un moyen puissant de modifier les anciennes.

Durant cette période d'observation, les outils qui permettent d'atteindre l'abstinence sont à mettre petit à petit en œuvre. Habituellement, ce sont :

• La **relaxation rapide** et les exercices respiratoires, avec pour but une meilleure concentration et plus de calme.

Les exercices rapides comme ceux décrits plus haut s'intègrent facilement dans l'activité professionnelle.

• Assez proche de la relaxation rapide, la **méditation**, qui consiste à se représenter mentalement l'image d'un objet, d'un paysage, ou simplement à penser à quelque chose d'agréable dans sa forme la plus simple, peut être très utile.

• Les **exercices en imagination** servent de laboratoire pour se préparer aux situations à haut risque de consommation. Il s'agit de répéter, de manière imaginaire, certaines conduites à adopter pour être mieux paré lors de l'arrêt définitif : la scène du refus d'une cigarette quand elle nous est offerte ; la scène de ne pas fumer quand quelqu'un d'autre fume ; ou l'image de soi-même en train de se relaxer plutôt que de fumer…

• Les **jeux de rôle en réalité**, avec un proche ou un autre fumeur ayant décidé d'arrêter, une fois le moment de gêne et d'artificiel passé, peuvent également être très fructueux. Il s'agit d'une répétition comme au théâtre… Un bon acteur est un acteur qui « joue vrai », autrement dit qui ne joue plus !

• La mise en place de **conduites alternatives** est envisageable également avant l'arrêt du tabac, afin de bénéficier de l'effet de répétition, prémices d'une nouvelle habitude. Ces conduites alternatives seront choisies non toxiques. Il ne s'agit pas de remplacer le tabac par l'alimentation calorique, par des tranquillisants ou de l'alcool ! Boire souvent de l'eau (mais en petites quantités) est une solution, ou simplement respirer de l'air pur, ou bien un mouchoir imprégné d'une odeur agréable chaque fois que l'envie de fumer se fait ressentir. Les conduites alternatives, en fait, dépendent des goûts et du mode de vie de chacun. Il s'agit de concevoir celles qui seront les meilleures pour notre santé, et l'imagination peut être une aide précieuse.

– Les **méthodes médicamenteuses** comme les patchs à la nicotine ou les pâtes à mâcher sont à bien étudier avant leur emploi : quels sont les effets secondaires possibles, les effets attendus ? Pour les pâtes à mâcher, étant donné leur mauvais goût et l'irritation possible de la muqueuse buccale, un essai est fortement recommandé.

Exemple : Pour **Jérôme**, cette analyse de la consommation donne le résumé suivant :

« Je fume dès le matin et entre chaque consultation, dès que je dois me concentrer et réfléchir, mais également dans les moments de détente. Le tabac me stimule et me calme à la fois, surtout quand je suis irritable. La plus grande quantité de cigarettes est fumée le matin ; l'après-midi et le soir, le rythme se ralentit. Le risque principal de l'après-midi se situe durant les trajets en voiture pour les visites. Quand j'essaie de résister au besoin de fumer, je me sens vite nerveux et tendu. »

Avant de passer au stade de l'action, nous décidons d'un entraînement à la relaxation pour améliorer la concentration et la réflexion nécessaires dans son travail. L'attention est portée sur les situations à risques du matin, avec la mise en place d'une conduite alternative qui a été de boire très souvent de l'eau : un verre entre chaque consultation au moins. Des exer-

cices respiratoires ont été intégrés aux trajets en voiture de l'après-midi, et une préparation en imagination concernant les situations de convivialité a été mise en place, jusqu'à ce que Jérôme se surprenne à le faire automatiquement.
Un patch à la nicotine est envisagé afin de faciliter l'abstinence dès que celle-ci sera mise en place.

3. *Passer à l'action.*

Quand on arrive à ce stade, il faut alors arrêter d'un coup toute consommation de tabac !

Il est important de préparer dans les détails la mise en route de cette décision : les « outils passage à l'action » (relaxation, exercices respiratoires, exercices en imagination, conduites alternatives...) auront été préalablement bien rodés. Les conduites à tenir dans les situations à risques auront été répétées suffisamment. Les méthodes de sevrage comme le patch ou les pâtes à mâcher à la nicotine seront disponibles et leur utilisation bien étudiée. Il s'agit d'un essai en « réalité » et non plus d'une simulation !

Une expérience réussie est une aide précieuse pour le maintien du résultat.

Durant la période de l'action, il est fortement conseillé de maintenir :

- une forte vigilance ;
- l'entraînement aux exercices de la phase précédente.

Après une dizaine de jours, les effets de sevrage auront fortement diminué et un certain confort commencera à s'installer, dont il faut profiter au maximum.

4. *Maintenir l'abstinence.*

La rechute est toujours possible ! Même des années après avoir arrêté de fumer ! Il ne faut donc pas minimiser ce risque. Dans ce cas, il devient important de remettre en route le plus rapidement possible l'abstinence à l'aide d'un plan, afin, comme l'écrivent Marlatt et Gordon[4] dans leur très précieux ouvrage sur la prévention des rechutes, qu'« une chute ne soit pas une rechute ».

De manière générale, un fumeur qui reprend une cigarette, s'il laisse les choses aller, petit à petit, se retrouve au même niveau de

4. G. A. Marlatt, J. R. Gordon, *Relapse Prevention,* Guilford Press, 1985.

consommation qu'auparavant : « Une cigarette entraîne toutes les autres ! » Il s'agit d'une loi trop vite admise, surtout par le fumeur lui-même, qui part dès lors battu d'avance. **En fait, la reprise de la stratégie précédemment décrite suffit la plupart du temps à réenclencher l'abstinence, à condition d'être systématique et d'employer la méthode avec la même rigueur que la première fois.** Cela est pratiquement toujours plus facile puisque l'on bénéficie de l'entraînement antérieur. Une rechute, en résumé, ne doit être ni minimisée ni dramatisée, mais ramenée au niveau d'un problème à résoudre.

▶ Le café

La consommation de café, d'origine éthiopienne, est très ancienne et s'est répandue dans le monde entier. Le breuvage noir est utilisé pour ses vertus stimulantes.

La caféine, qui en est la substance active, se retrouve également dans d'autres boissons, comme le thé, le Coca-Cola, mais en moins grande concentration, si bien que seule la consommation de café peut être un problème dans le cas du stress.

Le trouble associé à une trop grande consommation est nommé **caféinisme** et se traduit par un ensemble de manifestations : anxiété, irritabilité, parfois insomnie et troubles fonctionnels et comportementaux comme des tremblements, des palpitations, une agitation, un discours confus. Les signes les plus fréquents restent l'anxiété, l'irritabilité et l'insomnie.

Le caféinisme peut apparaître quand on consomme des doses supérieures à 250 mg de caféine par jour, ce qui correspond à trois tasses de café filtre. Il n'est pas rare d'observer autour de nous que certaines personnes en boivent parfois beaucoup plus quotidiennement !

Quand la prise journalière devient conséquente, les effets positifs de stimulation sont remplacés par les effets négatifs : **angoisse et irritabilité**.

En conséquence, les capacités d'écoute et de concentration deviennent moindres, ce qui s'oppose aux effets recherchés.

Exemple : **Marianne** était une « machine à café ». Elle en buvait tout au long de la journée, et la cafetière était toujours en marche. Dès l'arrivée au bureau jusqu'au départ le soir, toute occasion de prendre un café était la bienvenue ! Depuis quelques mois, Marianne se sentait de plus en plus anxieuse, en « état d'alerte ». Elle a fait récemment une attaque de panique, avec des palpitations, une sensation d'étouffement durant laquelle elle a cru mourir d'un infarctus. Elle se plaignait également de tremblements, d'irritabilité et de troubles digestifs. Après l'arrêt du café, tout est rentré dans l'ordre. Marianne pense même que ses capacités de concentration se sont améliorées au fur et à mesure qu'elle s'est sentie plus calme.

▷ *Évaluer sa consommation de café*

Le questionnaire suivant permet de faire le point :

Évaluation des effets de la consommation de café	
Je consomme au moins quatre tasses de café par jour.	2
Je suis irritable.	1
Je suis facilement anxieux.	1
Je dors mal.	1
J'ai des troubles digestifs et/ou des tremblements et/ou des palpitations et/ou des soubresauts musculaires.	1
J'ai tendance à « précipiter les actions », à sauter rapidement d'une action à l'autre.	1
TOTAL	

Toute note supérieure à 5 peut faire craindre une consommation de café dont les inconvénients sont supérieurs aux avantages.

▷ *Comment agir ?*

Boire du café est une habitude beaucoup plus facile à perdre que celle de fumer. De manière générale, avec un peu de motivation, presque tout le monde y parvient.

Vous pouvez stopper le café et vérifier si les bénéfices sont notables au niveau de la nervosité générale, de l'insomnie et des signes fonctionnels. Si tel est le cas, diminuez alors votre consommation ou remplacez-la par un autre produit moins dosé ou sans caféine comme le thé, le café décaféiné ou la chicorée.

▶ L'alcool

L'histoire de la consommation de l'alcool se confond avec celle de l'humanité. Elle fait partie de notre culture. Depuis au moins quatre mille ans, vin et bière participent aux habitudes de vie. Noé, selon la Bible, « planta la première vigne, en but le vin et connut l'ivresse » !

Les produits fermentés sont donc apparus très tôt. Les premiers produits distillés sont arrivés plus tard, en Europe probablement vers le XIIIe siècle ; l'eau de vie était alors (et est restée pour certains) un médicament.

L'alcool fait partie des habitudes sociales : prendre un verre ensemble, payer à boire, partager le verre de l'amitié… De surcroît, ne pas boire peut gêner ou vexer. Inversement, être soûl est mal vu, avoir un problème d'alcool est honteux.

Au niveau de la santé, au départ, l'eau de vie était un médicament, et les boissons fermentées également. Le vin a été considéré comme un fortifiant pendant des siècles, en plus des effets analgésiques et calmants bien connus qu'il offre. Le grand Pasteur lui-même en a fait l'éloge. Actuellement, on lui reconnaît également, à tort ou à raison, des propriétés médicales, et des études ont montré une certaine action du vin sur la prévention des maladies cardio-vasculaires et la maladie d'Alzheimer… Le débat se poursuit donc encore entre nocivité et bénéfice. Les détracteurs du vin et de l'alcool ont cependant rapidement relevé les conséquences néfastes d'une trop grande consommation : ébriété, maladies. De nombreux médecins, depuis l'Antiquité, ont décrit et mis en évidence les pathologies reliées aux boissons alcoolisées.

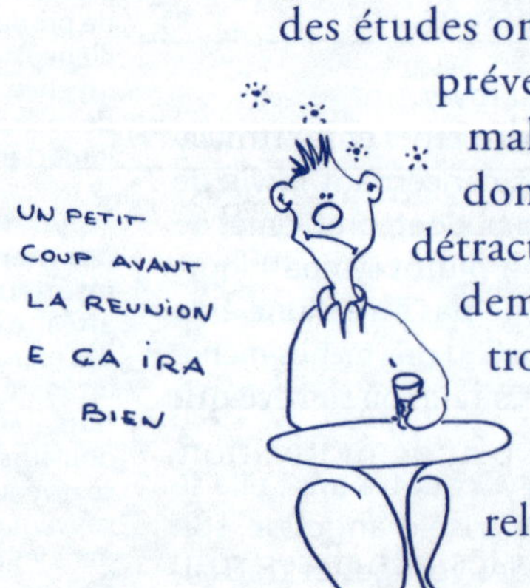

▷ *Comment s'installe la dépendance ?*

La façon de consommer de l'alcool varie beaucoup d'un pays à l'autre. Par exemple, en Italie ou en France, les premières prises se font assez jeune dans le cercle familial, alors qu'en Irlande, cela se passe souvent durant l'adolescence, en fin de semaine avec des amis et dans les pubs. De toutes manières, l'aspect social joue un rôle important : fêter les événements, participer aux coutumes du groupe.

L'alcool fait partie des bons moments, et a certains effets bénéfiques à court terme. L'anxiété est souvent diminuée, l'effet antidépresseur permet de se sentir plus gai, de mieux participer à l'ambiance générale.

L'alcool peut également être utilisé uniquement pour ses vertus antidépressives et anxiolytiques. C'est le cas lorsqu'une personne consomme seule, pour se sentir mieux.

Petit à petit, boire devient indispensable et les quantités d'alcool augmentent. Il s'agit du phénomène de **tolérance** : le sujet supporte de mieux en mieux de plus en plus d'alcool. La dépendance est installée, ne pas avoir « sa dose » quotidienne entraîne l'effet de manque, souvent marqué, dès le matin, par des tremblements et un malaise général que quelques verres calment rapidement. Le cercle vicieux s'installe bien avant que les conséquences négatives, physiques (troubles de la mémoire, **polynévrite des membres inférieurs**, problèmes digestifs et hépatiques), psychologiques (l'alcool calme à court terme la dépression mais la favorise à long terme), familiales, professionnelles et sociales n'apparaissent.

Exemple : **Faustine**, trente-six ans, est mère au foyer.
Elle élève ses trois enfants dans son appartement et se retrouve souvent seule à prendre les décisions concernant la vie de famille : difficultés scolaires, gestion du budget, problèmes de famille et de belle-famille. Son mari est plutôt sympathique, mais travaille beaucoup et reconnaît ne pas être d'une aide importante pour sa femme, tant au niveau des tâches ménagères que pour la prise de décisions. « Tout le souci » revient à Faustine…
Cette dernière a commencé à boire il y a quatre ans ; elle se souvient parfaitement d'une grande crise d'angoisse, son cœur battait très vite, elle ressentait des vertiges et transpirait beaucoup. Cette crise était survenue après avoir appris

Tolérance : correspond au fait de mieux supporter de plus grandes quantités de produits toxiques, qui font de moins en moins d'effets bénéfiques. Par contre, les effets nocifs continuent de s'aggraver. L'alcool, un certain nombre de médicaments et de produits illégaux entraînent un phénomène de tolérance important.

Polynévrite des membres inférieurs : atteinte des nerfs des membres inférieurs se traduisant par des douleurs pénibles à ce niveau, et souvent rencontré dans les problèmes d'alcoolisme.

une mauvaise nouvelle concernant ses parents. Elle avait alors bu quatre verres de Martini d'un coup et s'était sentie mieux après. Auparavant, elle ne buvait presque jamais ! Faustine, petit à petit, a pris l'habitude de boire un verre pour calmer ses soucis, puis la consommation d'alcool est devenue régulière et, depuis six mois, une bouteille de Martini par jour est devenue nécessaire.

▷ *Les effets négatifs de l'alcool*

Éthanol : nom scientifique de l'alcool.

L'**éthanol** a des effets immédiats, la plupart du temps agréables : il rend gai, calme les douleurs, les angoisses, le stress et la dépression. Selon certains, ce serait un bon stimulant. C'est également un aliment apportant sept calories par gramme.

Absorbé dans le tube digestif, il est assimilé lentement au niveau de l'estomac, plus rapidement au niveau de l'intestin grêle. Il se diffuse vite dans 80 % du corps par l'intermédiaire du sang. L'alcoolémie mesure le taux d'alcool dans le sang, exprimé en grammes par litre.

Si l'alcoolémie est faible, aux alentours de 0,3 g/l (environ 1 à 2 verres de vin), chez un sujet non habitué, s'installent un sentiment de bien-être et de bonne humeur et, le plus souvent, une désinhibition, appréciée par les personnes timides, car elle favorise les contacts sociaux. Le risque, à ce niveau, se situe surtout dans le ralentissement des réactions réflexes, dangereux pour la conduite automobile et dans certains travaux. C'est pourquoi, dans de nombreux pays, la conduite avec une alcoolémie supérieure à 0,5 g/l est interdite.

Si la consommation d'alcool devient plus importante (1 à 2 g/l), les signes d'ivresse apparaissent : instabilité de la marche, difficultés d'élocution, contrôle moindre des émotions se traduisant parfois par une gaîté disproportionnée ou de l'irritabilité, voire de l'agressivité et des passages à l'acte délictueux. De plus, souvent, les sujets ne gardent aucun souvenir de l'épisode.

Au-delà de 2 g/l, les personnes deviennent de plus en plus confuses, et à partir de 4 g/l survient le coma éthylique, qui peut être mortel.

Quand la consommation d'alcool est chronique, quotidienne, ou seulement présente certains jours de la semaine (ivresse des week-ends), la tolérance au produit devient meilleure et les sujets supportent mieux l'absorption. Certaines personnes ne présentent jamais aucun signe, même faible, d'ivresse. L'alcoolisation reste très longtemps compatible avec une vie sociale normale, dans laquelle elle s'intègre parfaitement.

À la longue, apparaissent cependant les conséquences organiques rencontrées chez presque toutes les personnes intoxiquées à l'alcool. Les premiers problèmes sont neurologiques. Le produit est toxique pour les cellules cérébrales et entraîne des troubles de la mémoire, dont le paroxysme constitue le **syndrome de Korsakov**, dans lequel le sujet ne fixe plus les nouveaux souvenirs.

L'alcool est également responsable de troubles de l'équilibre dus à des lésions du cervelet et de l'apparition de crises d'épilepsie.

Des douleurs de jambes sont fréquentes, c'est la polynévrite des membres inférieurs décrite comme insupportable par les personnes atteintes.

Au point de vue digestif, il entraîne presque toujours une **gastrite**. Une **pancréatite** chronique ou aiguë peut survenir, qui est extrêmement douloureuse.

La **cirrhose du foie** est probablement la maladie reliée à l'alcool la plus fréquente. Il s'agit d'une dégénérescence du tissu hépatique terriblement grave, pouvant se compliquer de varices œsophagiennes dont le risque est la rupture, qui entraîne le décès. Quand le diagnostic est posé, l'espérance de vie est de deux ans environ et une évolution cancéreuse est hautement probable.

D'autres troubles, moins souvent observés, sont reliés à l'alcoolisation : des problèmes cardiaques graves comme la **cardiomyopathie** et l'augmentation des graisses sanguines (triglycérides particulièrement) favorisant les maladies des artères.

L'alcool a probablement un rôle aggravant dans les risques de cancer digestif ou de cancer des voies aériennes, mais, dans ces cas-là, il est difficile de séparer les effets du tabac de ceux de l'alcool, les deux addictions étant souvent présentes.

Les avantages et les inconvénients reliés à la consommation d'alcool sont résumés dans le tableau suivant :

Syndrome de Korsakov : trouble lié à la maladie alcoolique dont les symptômes principaux sont une difficulté de concentration et un trouble de la mémoire.

Gastrite : inflammation de la paroi de l'estomac.

Pancréatite : atteinte inflammatoire du pancréas, extrêmement douloureuse.

Cirrhose du foie : atteinte dégénérative du foie. Les tissus lésés ne se renouvellent pas : les lésions sont définitives. Quand leur ampleur est trop importante, l'insuffisance hépatique s'installe.

Cardiomyopathie : affection de la fibre musculaire du cœur, altérant sa capacité de se contracter. Se rencontre parfois dans les problèmes d'alcool.

Avantages et inconvénients de l'alcool	
Avantages	**Inconvénients**
Effets calmant l'angoisse, le stress.	Diminue les réflexes.
Effet antalgique.	Atteinte de la mémoire.
Diminue la fatigue.	Diminue la concentration, l'attention.
Donne du plaisir immédiat et fait partie d'une certaine qualité de vie. Favorise les échanges sociaux.	Dégénérescence cérébrale, problèmes neurologiques et psychiques, cirrhose du foie et maladies digestives. Dépendance par rapport à un produit et nécessité de toujours en disposer.
Donne une certaine contenance, un style de comportement.	Boire coûte cher.
Calme immédiatement l'effet de manque.	Conséquences sociales, professionnelles et familiales.
Est un aliment calorique.	Fait grossir.
Les avantages sont presque toujours à court terme ou immédiats, les inconvénients sont presque toujours à long terme et concernent surtout la santé. **Les avantages précèdent de beaucoup les inconvénients et cela joue certainement un rôle important dans le maintien de l'habitude toxique.**	

Exemple : **Hubert** est avocat. Il avait pris progressivement l'habitude de se relaxer chez lui le soir en buvant un verre, puis deux, puis trois… de whisky. L'effet de détente était immédiat… Hubert avait beaucoup de soucis professionnels ; il s'occupe surtout d'entreprises, et la concurrence ainsi que les « coups bas » sont monnaie courante !
L'alcoolisation a gagné progressivement la journée. Cela a commencé à l'inquiéter après avoir lu un article sur le stress et l'alcool dans un hebdomadaire.

▷ *Évaluer sa dépendance à l'alcool*

L'alcool entraîne deux types de problèmes, sans que l'on comprenne encore scientifiquement s'ils sont en continuité ou s'ils constituent deux entités séparées : l'**abus d'alcool** et la **dépendance à l'alcool.**

Dans le cas de l'abus d'alcool, une consommation raisonnable peut être envisagée, mais dans le cas de la dépendance à l'alcool, seule l'abstinence complète donne un bon résultat.

En pratique, on pourra dire que, si une consommation raisonnable ne peut se mettre en place, c'est qu'il y a dépendance.

Le questionnaire suivant constitue une aide précieuse pour évaluer sa dépendance :

Évaluation de l'importance d'un problème d'alcool	
Est-ce que je consomme de l'alcool chaque jour, quels que soient la quantité ou le produit ?	1
Est-ce que je consomme régulièrement de l'alcool chaque fin de semaine ?	1
Est-ce que je recherche dans l'alcool un effet calmant, antistress ou antidépresseur ?	1
Quand je ne peux pas boire de l'alcool plus d'une journée, je ressens de l'irritabilité, de l'anxiété, de la tristesse, ou bien j'ai des tremblements, un sentiment de malaise.	2

Un score égal ou supérieur à 2 indique un problème avec l'alcool. Un score supérieur ou égal à 4 fait craindre une dépendance.

Selon le score total de l'échelle précédente, votre médecin pourra vous prescrire des examens complémentaires : une **numération formule sanguine** et ce que nous appelons les **gamma GT** (reflet du fonctionnement hépatique).

Lorsque le volume globulaire moyen des hématies, c'est-à-dire la taille des globules rouges, est élevé, et que le taux de gamma GT est important, il y a une forte probabilité de problème d'alcool avec un risque de dépendance.

Numération formule sanguine : examen d'analyse médicale servant à mesurer la composition du sang (nombre et taille des globules rouges, nombre des globules blancs, quantité d'hémoglobine, etc.). Dans le cas de l'alcoolisme, la taille des globules rouges est souvent plus grande que la normale.

Gamma GT : gamma-glutamyl-transférase. Il s'agit d'un enzyme dont la mesure dans le sang reflète le fonctionnement hépatique. Les gamma GT sont souvent élevés dans l'alcoolisme.

▷ *Comment agir ?*

La méthode que je conseille est similaire à celle concernant le tabac :

- savoir se motiver et se décider ;
- analyser sa consommation et mettre en œuvre les moyens concrets qui existent pour arrêter ou réduire l'alcool, en anticipant particulièrement le risque de rechute ;
- passer à l'action ;
- maintenir le résultat obtenu.

INFORMATION

Qu'est-ce qu'une consommation raisonnable d'alcool ?

Il s'agit de la consommation qui fait retirer de l'alcool plaisir et bénéfices, sans retentissement sur les capacités intellectuelles et physiques, quand elles sont nécessaires, ni sur l'état de santé.

1. *Savoir se motiver et se décider.*

Les effets calmants de l'alcool sont si importants que les bénéfices immédiats prévalent sur les inconvénients. Se motiver est donc difficile.

Il s'agit, comme pour le tabac, d'augmenter les avantages à ne pas consommer par rapport à ceux de consommer !

La première étape est de faire un état des lieux exacts : **« Suis-je dépendant de ma consommation ou bien correspond-elle seulement à un abus ? »**

Dans le premier cas, seule l'abstinence totale et définitive donne un bon résultat ; dans le second cas, la diminution de la consommation suffit.

La seule manière de le savoir exactement est de faire un test réel :

• « Suis-je capable d'arrêter toute consommation brutalement sur une période de un mois, sans en avoir des effets secondaires : tremblements, irritabilité, malaises, sensation de manque ? »

• Si la période de sevrage ne pose aucun problème, il ne reste plus qu'à évaluer ce que sera votre consommation raisonnable d'alcool et de vous donner les moyens de la maintenir.

• Si la période de sevrage entraîne des effets de manque, des malaises ou des tremblements, la dépendance est installée. Il est alors nécessaire de consulter votre médecin, qui dispose de méthodes pour accompagner le sevrage : une dépendance est un problème à prendre très au sérieux et une aide médicale est alors précieuse.

Nous ne traiterons donc, dans le cadre de cet ouvrage que les problèmes d'abus d'alcool.

Deux cas de figure peuvent se présenter : la prise quotidienne et régulière, et les prises épisodiques.

• Dans le cas de la **consommation régulière**, en pratique, il est utile de se limiter à **moins d'un quart de litre de vin par jour ou**

> C'EST FAUX !
>
> « Si j'ai beaucoup d'activités physiques, je peux me permettre de boire plus d'alcool, car je consomme plus ! »
>
> Seule la quantité d'alcool ingérée compte et peut être dangereuse. Si une personne supporte mieux l'alcool qu'une autre, c'est qu'elle a plus l'habitude et que le phénomène de tolérance augmente... Il y a donc plus de danger !

l'équivalent en alcool (par exemple, 50 cl de whisky ou d'alcool fort...). La correspondance se fait par un calcul simple à partir du degré d'alcool des boissons. Au-delà, l'impact sur la santé, les capacités physiques (en général, diminution des réflexes) et intellectuelles (perturbation des aptitudes à apprécier les situations et à mémoriser) peut se faire ressentir !

Si la consommation régulière est trop importante, en plus des risques sur la santé, une dépendance réelle peut s'installer dans un second temps. Elle constitue alors un point de non-retour, puisque le seul traitement est l'abstinence totale et définitive...

• Le second cas de figure concerne **les prises d'alcool épisodiques**, généralement réservées aux « bons moments » en famille ou entre amis. Une consommation inhabituelle très épisodique, alternant avec peu ou pas d'alcool quotidien, n'a généralement aucune conséquence... si on ne prend pas le volant !

Si la fréquence des périodes de consommation est inférieure à un mois, les mêmes risques que dans le cas de la prise quotidienne élevée sont présents, avec particulièrement celui de la dépendance. Un exemple assez typique est ce que nous appelons la forme « anglo-saxonne » de consommation réservée aux fins de semaine : beaucoup d'alcool chaque week-end aboutit aux mêmes conséquences que beaucoup d'alcool chaque jour.

Si ma « consommation n'est pas raisonnable », c'est-à-dire si elle correspond à une quantité d'alcool (quel qu'il soit) supérieure à ce qui a été précisé plus haut, il devient intéressant d'analyser plus précisément le problème :

• À quels moments, avec qui et dans quelles circonstances suis-je amené à consommer de façon abusive ?

• Quels sont les avantages que je retire de boire à ces moments-là ?

• Quels en sont les inconvénients ?

• Quels en sont les risques si je continue ?

Après avoir répondu à ces questions, il est possible d'évaluer sur une échelle de 0 à 100 son envie de continuer à consommer de cette manière ou l'envie de ramener les quantités d'alcool à un équivalent de un quart de litre de vin par jour.

L'exemple d'Hubert illustre la façon de procéder :

Exemple : **1.** À quels moments, avec qui et dans quelles circonstances suis-je amené à consommer de façon abusive ?
Le soir chez moi, pour me relaxer, avant un travail difficile pour mieux pouvoir me concentrer, avec les clients pour détendre l'atmosphère.

2. Quels sont les avantages que je retire de boire à ces moments-là ?
L'alcool me calme réellement et je me sens plus sûr de moi.

3. Quels en sont les inconvénients ?
Je deviens dépendant… J'ai peur que ça commence à se voir.

4. Quels en sont les risques si je continue ?
La dépendance et, le pire, finir comme G…, qui est alcoolique ; il n'est plus crédible.

Si j'évalue mon envie de boire dans ces moments de 0 à 100 :
90
Si j'évalue mon envie de diminuer l'alcool de 0 à 100 :
100

L'ambivalence d'Hubert est très marquée : il a autant envie de diminuer sa consommation que de continuer. À court terme, le désir de boire l'emporte certainement.

La liste de questions précédente permet de favoriser la motivation à long terme pour diminuer la consommation d'alcool.

Deux questions supplémentaires sont également utiles :

• Quels sont les avantages que j'aurai à diminuer la quantité d'alcool que je prends ?

• Comment et par quelles méthodes puis-je conserver les effets bénéfiques de ma consommation habituelle ?

Ce dernier point permet d'introduire l'étape suivante.

INFORMATION

L'alcool peut calmer, mais il diminue souvent les capacités de réflexion… sans que l'on en soit bien conscient, au contraire. Le risque de mauvaise évaluation d'une action augmente lorsque l'on a bu !

2. *Analyser sa consommation et mettre en œuvre les moyens concrets qui existent pour la réduire.*

Le travail sur la motivation donne déjà des informations sur les « situations et les moments à risques ». Les moyens à utiliser dépendent très exactement des conditions de prise d'alcool et ont été exposés de manière détaillée tout au long de cet ouvrage :

• la **relaxation rapide** pourra se substituer à l'alcool et apporter les effets de calme souhaités ;

• l'**affirmation de soi** donne de très bons outils pour savoir refuser quand c'est nécessaire ;

• la mise en place d'**alternatives** (par exemple, lire ou regarder un film pour se détendre) ;

• la **restructuration cognitive** permet de se raisonner en ne perdant pas de vue les inconvénients à long terme par rapport aux avantages à court terme et, donc, les avantages à long terme d'un bon contrôle de la consommation.

Ces méthodes sont bien sûr à appliquer « taillées sur mesure » par rapport au problème, et à entraîner soigneusement, en réalité, en imagination ou en jeux de rôle.

3. *Passer à l'action et maintenir le résultat obtenu.*

Quand les méthodes ont été correctement apprises et répétées, le moment de décider de passer à l'action est venu : **réduire la quantité d'alcool à un équivalent de un quart de litre de vin par jour**.

Pour cela, toute prise d'alcool sera soigneusement notée chaque jour, sur un carnet ou sur son agenda, de façon à avoir une idée précise du résultat obtenu.

Si la consommation peut être planifiée à l'avance, la tâche n'en sera que plus facile ! Par exemple : « Un verre de vin à midi, un verre de vin le soir », ou « un apéritif à midi, un verre de vin le soir ».

Il est crucial d'obtenir un changement d'habitude et de persévérer dans l'application systématique de la méthode, jusqu'à ce qu'un automatisme se mette en place. Cela veut dire que maintenir la consommation en dessous de l'équivalent de « un quart de litre de vin » ne demande plus aucun effort.

Exemple : **1.** Les trois moments clés favorisant la consommation d'**Hubert** sont :

- chez lui le soir pour se relaxer ;
- avant un travail difficile pour mieux se concentrer ;
- avec les clients pour détendre l'atmosphère.

2. Les méthodes pratiquées ont été :

- la relaxation rapide pour se calmer avant d'affronter les problèmes, des exercices de concentration sur les tâches à accomplir pour éviter « l'éparpillement de l'esprit » ;
- les méthodes d'affirmation de soi pour gérer les conflits relationnels ;
- la mise en place d'activités alternatives pour se détendre après le travail : reprise d'une activité sportive, cure de « comédies musicales des années 50 » en vidéo.

Hubert a planifié ses prises d'alcool en limitant sa consommation de vin, et en la réservant aux repas à table, à quatre verres par jour d'un très bon millésime.

La réduction de la consommation se maintient après quatre ans.

Benzodiazépines : médicaments utilisés pour leur effet tranquillisant, favorisant une détente musculaire et stoppant les convulsions.

▶ Les médicaments

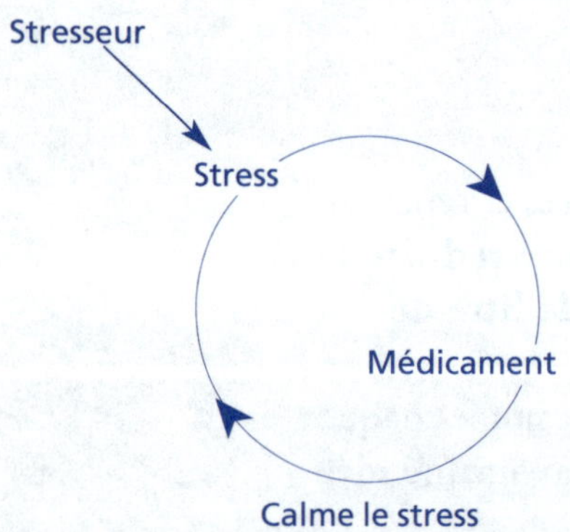

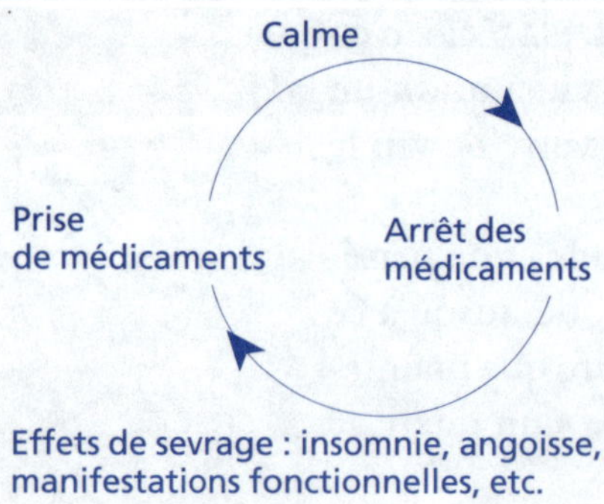

Nous avons vu que le stress peut conduire à des états anxieux et dépressifs, qui entraînent souvent le recours aux médicaments. Les plus employés sont les tranquillisants de la famille des **benzodiazépines**.

Il existe une forte dépendance à ce type de produits, qui est probablement liée à leur remarquable efficacité. Un stress, une insomnie sont rapidement calmés par le petit cachet magique, ce qui incite à renouveler l'expérience… (voir schéma ci-contre).

Petit à petit, les prises deviennent quotidiennes et ont parfois tendance à augmenter alors que l'effet diminue. C'est le phénomène de tolérance. Les effets de sevrage, c'est-à-dire le malaise apparaissant à l'arrêt du produit, sont souvent, en revanche, très importants et ne sont calmés… que par une nouvelle prise de médicaments (schéma ci-contre).

Enfin, les tranquillisants du type benzodiazépines, c'est-à-dire les plus utilisés, ont un effet négatif sur les processus d'apprentissage et de mémorisation. Cela va bien sûr à l'encontre de ce que souhaitent la plupart des personnes actives.

Exemple : **Mélanie** prend du Temesta®, un médicament tranquillisant très efficace, depuis... plusieurs années !
Chaque matin, midi et soir, elle avale consciencieusement ses petites pilules, sans lesquelles elle ne se sent pas capable de gérer le stress de la journée et de dormir la nuit.
Les essais de diminution ont été à chaque fois catastrophiques, entraînant une série de symptômes : palpitations, anxiété, tremblements et insomnies. Mélanie a lu un article mettant en cause les tranquillisants et leurs effets sur la mémoire. Elle a remarqué effectivement des troubles de mémoire, et cela l'a motivée à consulter un médecin pour essayer d'arrêter son médicament.

▷ *Évaluer sa dépendance aux médicaments*

Si je prends régulièrement des médicaments tranquillisants depuis plus de trois mois, je peux considérer que je suis dépendant.

Pour en avoir la confirmation, il suffit d'arrêter le produit et de voir ce qui se passe : si je ressens les effets de sevrage assez durement pour être obligé de reprendre les comprimés, le diagnostic est établi.

Dans ce cas, une diminution **très progressive est la meilleure des méthodes**, surtout si elle est associée à une pratique de la relaxation.

Exemple : Dans le cas de **Mélanie**, la diminution a été très progressive, sous la forme d'un quart de comprimé tous les quinze jours environ. Une nouvelle réduction de la posologie n'a été mise en place que lorsque tout symptôme de sevrage avait cessé. Mélanie a également beaucoup pratiqué la relaxation rapide, qui a bien remplacé le Temesta®. Les troubles de mémoire ont totalement disparu.

▶ Les autres drogues

Parfois, d'autres produits pour gérer le stress sont utilisés, soit dans un but stimulant, comme les amphétamines ou la cocaïne, soit dans un but calmant, comme le cannabis. Chacun de ces produits a des effets bénéfiques à court terme.

Les amphétamines diminuent fortement la sensation de fatigue et l'appétit, stimulent l'activité intellectuelle et donnent une sensation de bien-être. Ils permettent une forte diminution du temps de sommeil, ce qui est souvent utile pour les personnes dont le temps est précieux. La cocaïne a des effets similaires ; le cannabis, qui devient de plus en plus un produit de consommation courante, est un très bon anxiolytique.

Assez rapidement cependant, les effets nocifs apparaissent. Les amphétamines entraînent une accoutumance et une tendance à augmenter les doses. La toxicité se manifeste par la sécheresse de la bouche, une forte transpiration, des maux de tête, de la fièvre, une hypertension artérielle, une insomnie rebelle et une forte irritabilité. À l'extrême, ils provoquent des hallucinations et un sentiment de persécution.

La cocaïne produit une forte accoutumance et un effet de tolérance important, c'est-à-dire une tendance à augmenter les doses. Une dépression résulte assez régulièrement de la diminution de l'effet du produit, ce qui encourage à reprendre la consommation. De plus, les dommages sur le psychisme sont parfois lourds de conséquences. Le risque de mortalité par prise trop forte ou répétée n'est pas négligeable.

Le cannabis crée également une accoutumance et a des effets de ralentissement psychomoteur engendrant une sensation d'indifférence. Les répercussions sur la mémoire et l'apprentissage sont réelles, ce qui, dans la poursuite d'études et d'une activité professionnelle, est peu souhaitable !

Enfin, le cannabis est très souvent impliqué comme déclencheur de **bouffées délirantes**, évoluant parfois vers la **schizophrénie**.

Bouffée délirante : état psychiatrique caractérisé par l'apparition généralement brutale d'hallucinations et de délire nécessitant un traitement spécialisé : hospitalisation et médicaments spécifiques.

Schizophrénie : état psychiatrique chronique, caractérisé par un syndrome délirant et hallucinatoire, souvent accompagné d'un syndrome déficitaire marqué par un retrait et une désocialisation.

Exemple : **Martin** était cadre commercial depuis cinq ans quand il a consulté un médecin pour la première fois, pour un état dépressif qu'il reliait à la surcharge de travail.
Il travaillait en effet beaucoup. Un de ses amis lui a fait connaître la cocaïne avec ses effets euphorisants et fortement stimulants ! Dès que Martin prenait sa cocaïne, tout

devenait plus simple et il réussissait « ses affaires ». Assez rapidement, cependant, les répercussions négatives sont apparues : troubles du sommeil, dépression, tendance à augmenter les doses, budget considérablement grevé par le coût du produit.
L'arrêt de la cocaïne à l'aide d'une hospitalisation brève et un programme intensif de gestion du stress ont rapidement donné de très bons résultats.

La conduite à tenir pour ces produits est similaire à celle employée pour les produits licites, mais, la plupart du temps, une aide médicale est souhaitable afin que le sevrage se fasse dans les meilleures conditions possibles.

RÉSUMÉ

Une mauvaise hygiène de vie et le stress ont des **rapports mutuels aggravants** : de manière générale, les moyens utilisés par chacun d'entre nous pour mieux affronter les situations stressantes donnent un **bénéfice à court terme et un coût élevé à moyen et long terme**, sur la santé, mais aussi sur l'efficacité.
Les principaux secteurs touchés en cas de stress intense sont **l'alimentation, l'activité physique, le sommeil, les habitudes toxiques licites ou illicites**.
La nouvelle conduite à tenir aura pour but de remplacer le cercle vicieux d'aggravation mutuelle par une dynamique plus profitable : **une meilleure hygiène de vie correspond à une meilleure gestion du stress**.

chapitre

9

Adopter une vraie philosophie de vie

Il peut paraître curieux de parler de philosophie dans un ouvrage à visée pratique concernant la gestion du stress ! Ce n'est cependant pas un luxe.

De tout temps, les philosophes ont été concrètement préoccupés par le stress. Platon a même inventé le réveille-matin : il s'agissait d'une clepsydre destinée à le réveiller et à planifier ses périodes d'étude et de travail, ce qui démontrait déjà un souci d'efficacité et d'organisation du temps !

Tous les animaux sont concernés par le stress, et une grande partie de leur activité est motivée par la satisfaction de leur besoin de sécurité : la recherche d'un habitat protecteur, d'un territoire à fonction alimentaire suffisant, de périodes de repos récupérateur afin de pouvoir fournir les efforts nécessaires à la survie. Ce qui différencie l'homme, c'est sa capacité philosophique, autrement dit sa quête pour donner un sens à sa vie, ce que ne font pas les autres espèces !

Cette quête est probablement en relation avec la tendance générale à se sécuriser davantage. Pouvoir expliquer l'ordre du monde et justifier sa place ici-bas, avec les objectifs que nous poursuivons et leur finalité, nous rendent plus sûrs.

L'homme est tout d'abord un animal qui prie et pratique des rites funéraires, parfois impressionnants comme le montrent les pyramides d'Égypte. Imaginer une vie après la mort est vraisemblablement aussi une manière de ne pas mourir tout à fait, et ne représente pas seulement une révélation.

La philosophie et les sciences, fortement mêlées à l'origine (et aussi actuellement), s'interposent dans ce contexte religieux et entraînent la formulation des grandes questions métaphysiques : Quelle est la finalité de ce que je suis et de ce que je fais ? Quels sont mes idéaux ? Qu'est-ce que le Bien ? Qu'est-ce que le Mal ? Quel sens donner au monde ?

Les réponses apportées ont bien sûr rapidement été des explications et des concepts, ce que nous appelons des systèmes philosophiques et scientifiques, qui donnent une direction et sont, dans une certaine mesure, un effort de prédiction de l'avenir. Prévoir l'avenir, c'est se rassurer en augmentant l'efficacité de sa capacité d'action sur les événements et les choses. Par exemple, les mathématiques permettent à un ingénieur de concevoir le plan de construction d'une machine de manière à ce qu'elle fonctionne.

Mais philosophes et savants ne se sont pas contentés d'explications. Ils ont souvent mis les concepts à l'épreuve des faits ; il s'agit là de l'aspect empirique et expérimental. Ils ont développé des méthodes de contrôle sur soi, de recherche de sérénité, dont se rapprochent beaucoup ce que nous appelons maintenant relaxation et restructuration cognitive, déjà bien exposées dans cet ouvrage.

Une grande partie de la vie des philosophes, de toutes cultures, était donc aussi consacrée à l'exercice. Les stoïciens, particulièrement, s'entraînaient sans faiblir, comme le décrivent les écrits d'Épictète[1], de Marc Aurèle[2] et de Sénèque, à garder un certain calme face aux événements. Dans ce calme, la réflexion et la recherche personnelle pouvaient se poursuivre de manière plus confortable et plus structurée !

Il y a certainement plusieurs façons de poser « son questionnement philosophique » ; la manière de faire que je vais exposer maintenant garde un objectif pratique : celui d'une meilleure gestion du stress.

Si nos conduites sont en accord avec nos valeurs, la probabilité de sérénité, de « tranquillité de l'âme », selon Sénèque[3], augmente considérablement. Si ce que nous faisons est en désaccord avec ce que nous croyons, l'inconfort et une certaine forme de stress s'installent.

Deux questions essentielles dans la vie sont donc :

- Quelles sont mes valeurs personnelles ?
- Mes conduites sont-elles en accord avec elles ?

Répondre à ces questions n'est pas toujours aisé : il est souvent, en effet, plus facile de savoir ce qu'on ne veut pas plutôt que ce que l'on veut ! Et d'autre part, pris dans le courant continu du quotidien, il est probable que beaucoup d'événements n'aient pas obligatoirement l'importance que nous leur accordons en réalité. Par exemple, combien de fois nous sommes-nous inquiétés ou mis en colère dans des situations que notre raisonnement dans un état serein jugerait comme relativement insignifiantes ?

Deux méthodes sont utiles pour atteindre le but que nous visons :

- Établir les priorités de sa vie.
- Définir ses mandats.

ÉTABLIR LES PRIORITÉS DE SA VIE

Il est intéressant de commencer par un bilan concret à l'aide des questions suivantes :

- **Quels sont les différents secteurs de ma vie ?**

1. Épictète, *Entretiens, III* : « Les stoïciens », Gallimard, « Bibliothèque de la Pléiade ».
2. Marc Aurèle, *Pensées*, Jean de Bonnot, Paris.
3. Sénèque, *De la tranquillité de l'âme*, Paris, Rivage, « Petite bibliothèque », 1988.

Le travail, la famille en général, mon conjoint, les enfants, les loisirs, les activités extraprofessionnelles, etc.

• **Quelle importance occupe chacun de ces secteurs sur une échelle de 0 à 100 ?** (0 : aucune importance, 100 : une importance majeure.)

Cette évaluation très personnelle sera bien sûr sincère : il est donc nécessaire de bien prendre le temps de la faire, et plutôt tout seul, afin de ne pas être influencé dans sa démarche de réflexion par des avis extérieurs et la crainte du jugement d'autrui.

• **Dans la réalité, quelles sont les activités et les choses auxquelles j'accorde effectivement et objectivement de l'importance ?**

Quel est le niveau de cette importance de 0 à 100 par facteur ?

• **Ces évaluations objectives et subjectives concordent-elles ou non ?**

Une fois ce travail d'observation et de réflexion bien mené, le but devient de mettre en accord les priorités intérieures, celles auxquelles j'accorde de l'importance, avec mes comportements effectifs.

Si la discordance n'est pas trop grande, il est souvent possible de « remettre seul les pendules à l'heure ». Si la discordance est très marquée, l'aide d'un psychothérapeute est certainement utile.

L'exemple de Caroline illustre la méthode :

Exemple : **Caroline**, trente-huit ans, est chef d'entreprise. Elle dirige une PME avec succès et souffrait, au moment de la première consultation, d'un stress important rattaché à la quantité d'informations et de problèmes à résoudre auxquels elle doit faire face dans son travail.

Son mari, kinésithérapeute, travaille également beaucoup et il règne une bonne entente. Le couple élève deux enfants avec lesquels il n'y a pas trop de difficultés, malgré un rythme de vie bien chargé et très minuté !

Un programme de gestion du stress a assez rapidement donné un bon résultat, et Caroline a été plus efficace dans son travail et avec sa famille.

Il restait cependant un sentiment diffus d'insatisfaction, souvent rapidement balayé dans l'action, mais assez gênant pour l'amener à consulter de nouveau : « Je ne sais

pas pourquoi mais je me sens insatisfaite… Pourtant, tout va bien… »
Le tableau des priorités subjectives de sa vie donne le résultat suivant (« Pour moi, ce qui est important ») :

Mes enfants	80 %
Mon couple	70 %
Mon travail	80 %
Mes parents	60 %
Ma famille en général	40 %
Les loisirs	20 %

Le tableau des priorités objectives de sa vie révèle autre chose (« L'importance réelle que prennent les choses dans ma vie ») :

Mes enfants	80 %
Mon couple	50 %
Mon travail	90 %
Mes parents	40 %
Ma famille en général	20 %
Les loisirs	20 %

Nous avons constaté que les deux évaluations concordaient sur trois points, mais pas pour son couple, ses parents et sa famille en général. Le travail apparaissait également un peu plus investi objectivement que subjectivement.
Le décalage gênant le plus Caroline concernait surtout son couple, les autres points étant, selon elle, d'importance secondaire.
Nous avons alors élaboré la manière dont Caroline pouvait remettre à « son programme » de s'investir plus dans son couple, qu'elle a mis en pratique avec son mari. Depuis, le sentiment de « malaise et d'insatisfaction difficile à définir » a totalement disparu.

EXERCICE

Établir les priorités de sa vie

1. Prenez bien le temps d'établir les priorités subjectives de votre vie, secteur d'activité par secteur d'activité. Les évaluer sur une échelle de 0 à 100. Réfléchissez à plusieurs reprises à cette évaluation, remettez-la en question jusqu'à ce qu'une bonne certitude s'impose. Vous avez tout le temps !

2. Évaluez l'importance effective de ces différentes priorités dans votre vie sur une échelle de 0 à 100.

3. Quelles sont les concordances ? Quelles sont les divergences ?

4. Les divergences sont-elles déterminantes pour vous ou non ?
Précisez-bien les divergences importantes ; ces dernières sont certainement en rapport avec un malaise personnel.

5. Établissez un changement avec pour objectif de faire concorder les évaluations subjectives avec les évaluations objectives.
Ce changement peut se faire à l'aide de la méthode de résolution de problèmes, présentée précédemment dans cet ouvrage.
Si ce travail est trop difficile, ce qui en général est lié à des discordances fondamentales, et étant donné l'ampleur du problème et la difficulté que représente le changement à mettre en place, il vous est possible de consulter un psychothérapeute afin de faire le point et de préciser la conduite à tenir.

DÉFINIR SES MANDATS

Nous avons tous un « cahier des charges », des tâches à accomplir et des responsabilités à assumer, aux niveaux familial, professionnel et social. Quand ce cahier des charges n'est pas assez défini, l'éparpillement commence. Le temps consacré à certaines tâches déborde sur celui qui devrait être dévolu à d'autres activités plus prioritaires… Et le stress arrive. Organiser son travail en fonction de mandats précis qu'on se fixe diminue considérablement la sensation de surcharge et d'empressement conduisant au stress.

▷ *Cerner ses mandats professionnel et personnel*

Par exemple, au niveau du travail, il est possible de définir le **mandat professionnel**, c'est-à-dire ce qui justifie le salaire reçu, en termes d'actions à réaliser et de résultats à obtenir. Cela permet de mieux planifier les priorités.

Il est décisif de bien préciser également (et surtout à soi-même) le **mandat personnel**, c'est-à-dire l'investissement affectif, le plaisir et la motivation nécessaires à l'accomplissement de ce travail.

Exécuter un travail inintéressant avec peu d'investissement

personnel nécessite un effort beaucoup plus conséquent qu'un travail intéressant qui absorbe !

Il vaut mieux, bien sûr, avoir un mandat professionnel bien défini et un mandat personnel adapté à ce dernier ; cependant, dans la plupart des cas, nous avons à nous accommoder du contexte, en essayant de l'ajuster au mieux, de manière à ce qu'il convienne à nos objectifs.

Si nous prenons le cas extrême d'un travail totalement inintéressant, donc avec un mandat personnel bas, deux solutions existent :

• changer d'orientation professionnelle en se donnant les moyens de mettre en œuvre ce changement, qui, s'il est accompagné d'une recherche d'informations et de la méthode de résolution de problèmes, se fera le plus souvent de manière satisfaisante ;

• « faire avec », car un changement ne peut être envisagé.

Dans ce cas, considérer son emploi comme un moyen de gagner sa vie et minimiser ses côtés négatifs s'imposent.

Une compensation devient alors indispensable au niveau de sa vie familiale ou privée. Après tout, vaut-il mieux avoir une vie professionnelle réussie aux dépens de sa vie de famille, ou bien tenir un emploi rébarbatif et avoir une vie familiale et extraprofessionnelle épanouie ? Cela se discute !

Ménager des activités de loisirs avec un engagement personnel plus grand (bénévolat, activité culturelle, sport, etc.) permettra d'orienter son action en fonction de sa personnalité et de construire une réussite personnelle dont la valeur n'a rien à envier à une réussite professionnelle !

Dans le cas inverse d'un travail extrêmement intéressant, donc avec un mandat personnel élevé et généralement occupant beaucoup de temps de vie, le choix devient différent :

• l'emploi est essentiel dans ma vie et prioritaire sur tout. Il n'y a, dans ce cas, pas de place pour d'autres mandats, comme un mariage, des enfants ou le bénévolat. Seule une disponibilité absolue est indispensable. Cela se rencontre parfois dans l'entreprise, mais également dans certains métiers à « vocation », comme le ministère religieux, les missions humanitaires, les professions médicales et sociales. Il vaut alors mieux être sûr de ses choix !

Surtout quand la durée de l'engagement est importante ou que celui-ci se situe dans une période clé de sa vie (par exemple, le moment de faire un enfant, de se marier, etc.) ;

• l'emploi est très important, mais d'autres mandats sont souhaitables, ce qui est le cas le plus fréquent. **Un équilibre dont la mise en place ne doit pas être laissée au hasard est alors indispensable.** Le recours à la méthode des priorités est certainement très utile afin de faire le point.

Il s'agit ensuite de définir les objectifs de manière précise en investissant ce que je peux réaliser plutôt que ce que je ne pourrai pas :

« Ce qui compte, c'est ce que je fais, pas ce que j'aurais pu faire, ou ce que je n'ai pas fait ! », nous enseigne la sagesse populaire.

▷ *Équilibrer ses mandats professionnel et personnel*

Avoir la pensée rivée sur ce que nous n'avons pas est une bonne recette d'insatisfaction, ou même de malheur !

La philosophie générale à pratiquer est alors de prendre conscience que **nous ne pouvons pas tout faire !** Ce que nous réalisons de toutes manières ne sera qu'une goutte d'eau par rapport à l'océan de ce que nous aurions pu faire à la place !

De plus, être satisfait de ses choix et de ses décisions permet d'obtenir davantage.

Au-delà du fait de bien déterminer ses objectifs de vie, définir ses mandats a un autre intérêt important : celui de mieux reconnaître ce qui fait partie de nous-mêmes ou du contexte.

Par exemple, si nous devons réaliser un travail particulier correspondant à un cahier des charges précis, le mandat professionnel correspond aux techniques dans lesquelles nous sommes compétents et pour lesquelles nous sommes rémunérés pour accomplir la tâche.

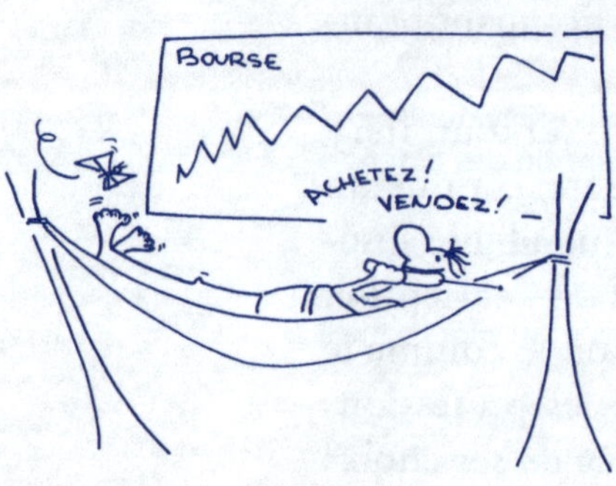

Le plaisir ou la satisfaction ressentis, la motivation, font partie du mandat personnel.

En cas de déception, ou de tout autre sentiment pénible, il est nécessaire de faire le tri entre ce qui est rattaché au mandat professionnel et ce qui est rattaché au mandat personnel.

Dans le premier cas, les conduites à tenir seront plutôt dirigées vers le réaménagement du poste de travail.

Dans le second cas, une analyse préliminaire des raisons personnelles exactes du malaise est indispensable avant toute action et peut se mener grâce aux questions suivantes :

- Quelles étaient mes attentes ?
- Sur quels points exactement suis-je déçu ?
- Est-ce que mon émotion pénible est reliée à ma façon personnelle de voir les choses ou bien au contexte et dans quelle proportion ?
- N'existe-t-il pas un malentendu entre ma façon de voir les choses et la réalité concrète ?

Si mon mandat personnel est remis en cause de manière décisive, les changements auront probablement à se mettre en place aux deux niveaux : personnel et contextuel.

Exemple : **Marguerite** tenait un premier poste d'assistante sociale de secteur quand elle est venue me consulter.

Très motivée par son travail, elle passait beaucoup de temps à accomplir toutes les charges administratives, sociales et humaines inhérentes à sa profession, sans vraiment tenir compte d'un horaire.

Elle avait alors consacré beaucoup d'énergie pour aider particulièrement une famille composée de quatre enfants en bas âge, tout d'abord pour que ceux-ci ne soient pas placés mais aussi pour leur trouver des aides financières. Un jour, très contente, elle avait apporté une somme de 150 euros à la mère de la famille… Mais deux heures plus tard, elle la rencontrait dans un supermarché avec un chariot rempli de bouteilles de whisky qu'elle achetait pour faire une « fête ». Se rendant compte que les aides étaient certainement régulièrement dépensées de cette manière par les parents, elle s'est sentie à la fois déçue, découragée et en colère, avec l'envie de les « laisser tomber ».

L'analyse de son mandat professionnel a mis en évidence une erreur, celle de ne pas assez vérifier l'utilisation des aides en argent versées aux familles. L'analyse de son mandat personnel a montré **ses attentes très importantes de reconnaissance par les autres** : elle souhaitait que l'image qu'elle donne d'elle-même corresponde à la réalité, et s'était alors sentie vexée.

Ces prises de conscience lui ont d'abord permis assez rapidement de modifier sa méthode de distribution des aides en argent, et de faire davantage participer ses clients aux formalités à accomplir. Et d'autre part, elles l'ont amenée à réfléchir sur son mandat personnel, et à le modifier afin d'avoir des attentes moins élevées concernant le jugement des autres, et d'obtenir plus de satisfactions du travail bien fait.

RÉSUMÉ

La **philosophie** nous apprend à **nous situer par rapport à nos désirs, nos valeurs personnelles, nos actions, les autres et le monde**.

S'il existe un grand décalage entre nos aspirations profondes et notre action, le stress devient important et une « remise en ordre » s'impose !

Deux méthodes donnent un bon résultat et permettent de mieux orienter ses conduites :

- **établir les priorités de sa vie ;**
- **définir ses mandats**.

EXERCICE

Équilibrer ses mandats

1. Définissez votre mandat professionnel : quel est exactement le cahier des charges ?

Prenez bien le temps de le définir.

2. Quel est l'intérêt que je porte à mon travail ? Quel est mon mandat personnel ?

3. La concordance entre mes deux mandats est-elle bonne ou mauvaise ?

Évaluez cette concordance sur une échelle de 0 à 8, 0 étant la corrélation la plus mauvaise, 8 la corrélation idéale.

Conclusion

Nous vivons!

Avoir le sentiment de réussir sa vie dépend beaucoup de chacun d'entre nous, de notre sens des valeurs, des objectifs que nous poursuivons. Plusieurs « chemins mènent à Rome », et la réussite pour une personne peut ne pas l'être pour une autre!

Cela est probablement une bonne chose et participe à la diversité du monde : les objectifs ne sont d'ailleurs souvent pas un problème...

Par contre, la façon de faire pour les réaliser peut en être un.

Si les moyens que nous utilisons sont trop stressants, les risques pour la santé et la qualité de vie deviennent majeurs et nous risquons de réussir... malades ou morts !

Les méthodes exposées tout au long de cet ouvrage sont des outils dont l'unique but est de nous libérer du stress lorsqu'il est nocif, afin de pouvoir mieux vivre tout ce que nous avons décidé de faire... Et mieux vivre permet habituellement d'obtenir encore davantage, ce qui n'est pas désagréable!

Garder le contact !

Vos commentaires, trouvailles personnelles pour mieux gérer le stress sont bien sûr les bienvenus, ainsi que les questions que vous pourriez poser. Une boîte aux lettres Internet est à votre disposition pour cela : **cungi@aol.com**

Bibliographie

ABREZOL R., *Vaincre par la sophrologie*, Marabout, 1983.

AIMAR R., *Le Stress*, Presses de la société nouvelle des imprimeries réunies, Valence, 1986.

ALBERTI R. E., EMMONS M.L., *Your Perfect Right*, Impact Publishers, 1970, traduction française : *S'affirmer et savoir prendre sa place*, Montréal, Canada, Le Jour, 1992.

ANCELIN-SCHUTZENBERGER A., *Le Jeu de rôle*, Paris, ESF, 1990.

ANDRÉ C., *Petites angoisses et grosses phobies*, Paris, Le Seuil, 2002.

ANDRÉ C., LÉGERON P., *La Peur des autres*, Paris, Odile Jacob, 1999.

ANDRÉ C., LELORD F., *L'Estime de soi*, Paris, Odile Jacob, 1999.

ANTONOVSKI A., SAGY S., « The Development of a Sense of Coherence and Its Impact on Responses to Stress Situations », *The Journal of Social Psychology*, n° 126 (2), pp. 213-225, 1986.

ANTONOVSKI A., « The Structure and the Properties of the Sense of Coherence Scale », *Social Science and Medicine*, n° 36 (6), pp. 725-733, 1993.

BAILLARD C., *La Relaxation psychothérapique*, Paris, L'Harmattan, 2001.

BANDURA A., *Principle of Behavior Modification*, New York, Holt Rinehat Winston, pp. 175-192, 1969.

BANDURA A., *Social Learning Theory*, Prentice-Hall, Englewood Cliffs, New Jersey, 1976. Traduction française par Rondal J.-A., Bruxelles, Mardaga, 1980.

BARTHES R., *Fragments d'un discours amoureux*, Paris, Le Seuil, 1977.

BEAUDRY M., BOISVERT J.-M., *Psychologie du couple. Quand la science se met à parler d'amour*, Montréal, Méridien, 1988.

BEAUMARCHAIS P.A.C., *Le Barbier de Séville*, acte II, scène 10, Paris, Le Livre de poche, 1985.

BEAUVOIS J.-L., JOULE R. V., « La Psychologie de la soumission », *La Recherche*, n° 19, 202, pp. 1050-1057, 1988.

BECK A. T., RUSH A. J., SHAW B. F., EMERY G., *Cognitive Therapy of Depression*, New York, Guilford Press, 1979.

BECK A. T., WRIGHT F. D., NEWMAN C., LIESE B. L., *Cognitive Therapy of Substance Abuse*, New York, Guilford Press, 1993.

BERNSTEIN D. A., BORKOVEC T. D., « *Progressive Relaxation Training* », *A Manual for Helping Professions*, Illinois, Champaign, 1973.

BERNSTEIN J., CARMEL S., « Trait Anxiety and the Sense of Coherence », *Psychological Reports*, n° 60, 1000, 1987.

BISHOP G. D., « The Sense of Coherence as Resource in Dealing with Stress », *Psychologia*, n° 33, pp. 259-265, 1993.

BISSERBE J.-C., LÉPINE J.-P., « Moclobemide in Social Phobia : A Pilot Open Study », *J. Clin. Neuropharmocol*, suppl. 1, pp. 88-94, 1994.

BLACK B., UHDE T. W., TANCER M. E., « Fluoxetine for the Treatment of Social Phobia », *J. Clin. Psychoparmacol*, n° 12, 4, p. 293, 1992.

BLACKBURN I. M., DAVIDSON K., *Cognitive Therapy for Depression and Anxiety*, Oxford, Blackwell, 1990.

BLACKBURN I. M., *Coping with Depression*, Edinburgh, Chambers, pp. 34-40, 1987.

BLACKBURN I. M., COTTRAUX J., *Thérapie cognitive de la dépression*, Paris, Masson, 1988.

BOISVERT J.-M., BEAUDRY M., « Les Difficultés interpersonnelles et l'entraînement aux habiletés sociales », in FONTAINE O., COTTRAUX J., LADOUCEUR R., *Cliniques de thérapies comportementales*, Bruxelles, Mardaga, pp. 75-90, 1984.

BOISVERT J.-M., BEAUDRY M., *S'affirmer et communiquer*, Montréal, Canada, Éditions de l'Homme, 1979.

BOISVERT J.-M., « Le Développement de la compétence sociale : un guide pratique », *Revue de la modification du comportement*, n° 17, pp. 6-22, 1987.

BOISVERT J.-M., « Le Développement de la compétence sociale : un guide pratique », *Revue de la modification du comportement*, n° 17, 2, pp. 57-75, 1987.

BOISVERT J.-M., « Le Développement de la compétence sociale : un guide pratique », *Revue de la modification du comportement*, n° 17, 3, pp. 132-151, 1987.

BOUVARD M., COTTRAUX J., *Protocoles et échelles d'évaluation en psychiatrie et psychologie*, Paris, Masson, 1996.

CARMEL S., BERNSTEIN J., « Trait Anxiety and Sense of Coherence : A Longitudinal study », *Psychological Reports*, n° 65, pp. 221-222, 1989.

CARRASCO J.-L., HOLLANDER E., SCHNEIER F.-R., LIEBOWITZ M.-R., « Treatment Outcome of Obsessive Compulsive Disorder with Comorbid Social Phobia », *J. Clin. Psychiatry*, n° 53, 11, 387- 91, 1992.

CAYCEDO A., *L'Aventure de la sophrologie*, Paris, Retz, 1979.

CHAMBON O., MARIE-CARDINE M., *La Réadaptation sociale des psychotiques chroniques*, Paris, PUF, 1992.

CHAMBON O., FAVROD J., YAMAMOTO T., MARIE-CARDINE M., « Réadaptation sociale, qualité de vie et amélioration des habiletés relationnelles des psychotiques chroniques : le module habiletés élémentaires de conversation », *Journal de thérapie comportementale et cognitive*, n° 3, 3, pp. 78-83, 1993.

COPEMANN C. D., « Treatment of Polydrug Abuse and Addiction by Covert Sensitization, Some Contraindications », *International Journal of the Addictions*, n° 12, 1977.

COPEMANN C. D., SHAW P. L., « Effect of Contingent Management of Addicts Expecting Commitment to A Community Based Treatment Program », *British Journal of the Addictions*, n° 71, 1976.

COTTRAUX J., GAUTHIER S., DE BECHELLI C., « Les techniques d'affirmation de soi. État actuel du problème. Premiers résultats d'un travail portant sur 10 cas », *Actualités psychiatriques*, n° 1, pp. 29-37, 1977.

COTTRAUX J., « *Psychosomatique » et médecine comportementale*, Paris, Masson, 1981.

COTTRAUX J., *Les Thérapies comportementales*, Paris, Masson, 1979.

COTTRAUX J., *Les Thérapies comportementales et cognitives*, Paris, Masson, 1990.

COTTRAUX J., *Les Thérapies cognitives*, Paris, Retz, 1992.

COTTRAUX J., *Les Thérapies comportementales et cognitives*, 2e édition, Paris, Masson, 1995.

COTTRAUX J., BOUVARD M., LÉGERON P., *Méthodes et échelle d'évaluation des comportements*, Issy-les-Moulineaux, Édition de psychologie appliquée, 1985.

COTTRAUX J., *La Répétition des scénarios de vie*, Paris, Odile Jacob, 2001.

COUDRON L., *Stress, comment l'apprivoiser*, « J'ai lu », Éditions Belfond, 1992.

COUÉ E., *La Méthode Coué*, Paris, Renaudot et Compagnie, « Marabout », 1989.

COWARD N., *Quatuor*, France Illustration, 1995.

CUNGI C., « Thérapie de groupe de patients souffrant de phobie sociale ou de troubles de personnalité », *Journal de thérapie comportementale et cognitive*, n° 5, 2, pp. 45-55, 1995.

CUNGI C., *Savoir s'affirmer*, Paris, Retz, 1996, et 2e édition, 2001.

CUNGI C., *Savoir gérer son stress*, Paris, Retz, 1998.

CUNGI C., *Faire face aux dépendances*, Paris, Retz, 2000.

CUNGI C., BOUVARD M., REY M., « Deux échelles brèves et pratiques d'autoévaluation de la communication et de l'affirmation de soi », *Revue francophone de clinique comportementale et cognitive*, vol. 3, n° 1, 1998.

CUNGI C., NOTE I. D., *Faire face à la dépression*, Paris, Retz, 1999.

DAVIDSON J. R. T., TUPLER L., POTTS N. L. S., « Treatment of Social Phobia with Benzodiazepines », *J. Clin. Psychiatry*, n° 55 (6 suppl.), pp. 28-32, 1994.

DEN BOER J. A., VAN VLIET I. M., WESTENBERG H. G., « Recent Advances in The Psychopharmacology of Social Phobia », *Prog. Neuropsychopharmacol. Biol. Psychiatry*, n° 18, 4, p. 625, 1994.

DORE F., MERCIER P., *Les Fondements de l'apprentissage et de la cognition*, Presse universitaire de Lille, Éditions Gaétan Morin, 1992.

DSM-4, Diagnostic and Statistical Manual of Mental Disorders, 3e édition révisée, traduction française coordonnée par GUELFI J.-D. : *DSMIIIR Critères diagnostiqués*, Paris, Masson, 1989.

DSM-3–R, *DSM-4, Diagnostic and Statistical Manual of Mental Disorders*, 3e édition révisée, 4e édition, traduction française coordonnée par GUELFI J.-D. : *DSMIIIR Critères diagnostiqués*, Paris, Masson, 1989.

D'ZURILLA T. J., GOLDFRIED M. R., « Problem Solving and Behavior Modification », *Journal of Abnormal Psychology*, n° 78, pp. 107-126, 1971.

ÉBLIAH-MONA-LAMONTAGNE Y., *L'Entraînement à l'affirmation de soi : techniques et applications thérapeutiques*, L'Encéphale, IU, pp. 7-80, 1978.

ECKMAN T.-A., LIBERMAN P., « Déficit et entraînement aux compétences sociales : l'approche cognitive et comportementale », *Psychologie Médecine*, 23-11, pp. 1291-1298, 1991.

ELLIS A., *Reason and Emotion in Psychotherapy*, Lyle Stuart, New York, 1962.

ÉPICTÈTE, « Qu'il est possible de profiter de toutes les circonstances extérieures », *Entretiens*, III, « Les stoïciens », La Pléiade, pp. 999-1000.

EYSENCK H. J., EYSENCK S. B. G., *Manual for the Eysenck Personality Inventory, Educational and Industrial Testing Service*, San Diego, California, 1968, traduction française par GANANSIA K., Paris, Éditions du Centre de psychologie appliquée, 1971.

FANGET F., CHAMBON O., « Groupe d'affirmation de soi. Méthodologie, résultats », *Journal de thérapie comportementale et cognitive*, Paris, Masson, n° 4, pp. 116-126, 1994.

FANGET F., *Affirmez-vous !*, Paris, Odile Jacob, 2000.

FAVROD J., BARRELET L., « Efficacité de l'entraînement aux habiletés sociales avec les personnes atteintes de schizophrénie », *Journal de thérapie comportementale et cognitive*, Paris, Masson, n° 3, pp. 84-84, 1993.

FAVROD J., « Compétence sociale et réhabilitation des patients schizophrènes, expérience américaine », *Cahiers psychologiques genevois*, n° 3, pp. 93-101, 1987.

FINK G., *Encyclopedia of Stress*, New York, Academic Press, 2000.

FONTAINE O., YLIEFF M., « Analyse fonctionnelle et raisonnement expérimental », *Journal de thérapie comportementale*, n° 3, pp. 119-130, 1981.

FONTAINE O., KULBERTUS H., ÉTIENNE A.-M., *Stress et cardiologie*, Paris, Masson, 1996.

FONTAINE O., COTTRAUX J., LADOUCEUR R., *Cliniques de thérapie comportementale*, Liège, pp. 12-15, 1984.

FRIEDMAN M., ROSENMAN R. H., « Association of Specific Overt Behavior Pattern with Blood and Cardiovascular Findings Blood Cholesterol Level, Blood Clotting Time, Incidence of Arcus Senilis and Clinical Coronary Heart Disease », *Jama*, n° 169, pp. 1286-1296, 1959.

GELERNTER C. S, UHDE T. W., CIMBOLIC P. et al., « Cognitive Behavioral and Pharmacological Treatments for Social Phobia : a Controlled Study », *Arch. Gen. Psychiatry*, n° 48, pp. 938-945, 1991.

GEORGES G., VERA L., *La Timidité chez l'enfant et l'adolescent*, Paris, Éditions Dunod, 1999.

GORDON T., *Parents efficaces*, traduction de ROY J. et LALANNE J., Montréal, Canada, Édition du Jour, 1976, Paris, Marabout, 1990.

GRAZIANI P., HAUTEKEETE M., RUSINEK S., SERVANT D., *Stress, anxiété, trouble de l'adaptation*, Paris, Masson, 2002.

GUÉRIN J., BOUVARD M., COTTRAUX J., SECHAUD M., « L'affirmation de soi en groupe dans les phobies sociales et les troubles de personnalité, étude de 93 cas », *Journal de thérapie comportementale et cognitives*, Paris, Masson, n° 4, pp. 108-115, 1994.

HALEY J., *Tacticien du pouvoir*, Paris, ESF, 1984.

HEIMBERG R. G., JUSTER H. R., « Treatment of Social Phobia in Cognitive-Behavioral Groups », *Journal of Clinical Psychiatry*, n° 55, 6, pp. 38-46, 1994.

HOLLON D., KENDALL P., « Cognitive Self Thoughts in Depression Development of an Automatic Thoughts Questionnaire », *Cognitive Therapy and Research*, n° 40, 4, pp. 383-395, 1980.

JACOBSON E., *Progressive Relaxation*, Chicago, University of Chicago Press, 1938.

JOULE R. V., BEAUVOIS J.-L., *Petit traité de manipulation à l'usage des honnêtes gens*, Presses universitaires de Grenoble, 1987.

JOULE R. V., BEAUVOIS J.-L., *La Soumission librement consentie*, Paris, PUF, 1998.

KINCANNON J.-C., « Prediction of the Standard MMPI Scale Sore from 71 Items : The Mini-Mult », *Journal of Consulting and Clinical Psychology*, n° 32, pp. 319-325, 1968, traduction française par PERSE J., LEBEAUX M.-O., Paris, Éditions du Centre de psychologie appliquée, 1977.

LAZARUS A. A., *Multimodal Behavior Therapy*, New York, Springer, 1976.

LÉGERON P., « Développement de la compétence sociale chez les schizophrènes », in Fontaine O., Cottraux J., Ladouceur R., *Cliniques de thérapies comportementales*, Bruxelles, Mardaga, pp. 173-183, 1984.

LÉGERON P., « L'affirmation de soi », *Soins psychiatriques*, n° 79, pp. 25-31, 1987.

LÉGERON P., *Le Stress au travail*, Paris, Odile Jacob, 2001.

LELORD F., ANDRÉ C., *La Force des émotions*, Paris, Odile Jacob, 2001.

LIBERMAN R. P., *Psychiatric Rehabilitation of Chronic Mental Patients*, Washington D. C., American Psychiatric Press, 1988.

LOO P., LOO H., *Le Stress permanent*, Paris, Masson, 1986.

MAC DONNOUGH T. S., « The Relative Effectiveness of a Medical Hospitalization Program vs a Feed-back Behavior Modification Program in Treating Alcohol and Drug Abusers », *International Journal of the Addictions*, n° 11, pp. 269-282, 1976.

MARC AURÈLE, *Pensées*, Paris, Jean de Bonnot, 1983.

MARGOLIN G., « Marital Therapy : a Cognitive-Behavioral-Affective Approach », in Jacobson N. S., *Psychotherapists in Clinical Practice*, New York, Guilford Press, pp. 232-283, 1987.

MARLATT J. A., GORDON J. R., *Relapse Prevention*, New York, Guilford Press, 1985.

Marks I., Mathews M., « Brief Self-Rating for Phobic Patients », *Behaviour resource and Therapy*, n° 17, pp. 163-267, 1979.

Miller W. R., Rollnick S., *Motivational Interviewing*, New York, Guilford Press, 1991.

Marshall R. D., Schneir F. R., Fallon B. A., Feerick J., Liebowitz M. R., « Medication Therapy for Social Phobia », *J. Clin. Psychiatry*, n° 55, suppl., 1994.

Meichenbaum D., « Cognitive Behavior Modification », in Pence J. T., Carson R. C., Thibaut J. W., *Behavioral Approches to Therapy*, Morristown, General Learning Press, pp. 275-294, 1976.

Minuchin S., *Family Therapy Techniques*, Cambridge, Massachusetts, Harvard University Press, 1981.

Nollet D., Thomas J., *Dictionnaire de thérapie cognitive et comportementale*, Ellipses, 2001.

Platt J.-J., Mc Kim P., Husband D., *Training in Interpersonal Problem – Solving, Trainer's Manual, Division of Addiction Research and Treatment*, Philadelphia, Hahneman University, 1990.

Prochaska J. O., Clemente C. C., « Transtheoretical Therapy : Toward a More Integrative Model of Change », *Psychotherapy : Theory, Research and Practice*, n° 19, pp. 276-288, 1982.

Rathus S. A., « A Thirty Item Schedule for Assessing Assertive Behavior », *Behavior Therapy*, n° 4, pp. 298-406, 1973.

Reinhart K., *Eschyle, Euripide*, Paris, Éditions de Minuit, 1972.

Rogers C., *Le Développement de la personne*, Paris, Éditions Dunod, 1966.

Rognant J., *La Thérapeutique de déconditionnement dans les névroses*, Paris, Masson, 1970.

Schneier F. R., Chin S. J., Hollander E., Liebowitz M. R., « Fluoxetin in Social Phobia », *J. Clin. Psychopharmacol*, n° 12, 1, p. 62, 1992.

Schneier F. R., Johnson J., Hornig C. D. et coll., « Social Phobia : Comorbidity and Morbidity, an Epidemiologic Sample », *Arch. Gen. Psychiatry*, n° 49, pp. 282-288, 1992.

Schneier F. R., Saoud J. B., Campeas R., Fallon B. A., Hollander E., Coplan J., Liebowitz M. R., « Buspirone in Social Phobia », *J. Clin. Psychopharmacol*, n° 13, 4, p. 251, 1993.

Seligman M. E. P., « Phobias and Preparedness », *Behavior Therapy*, n° 2, pp. 307-320, 1971.

Sénèque, *De la tranquillité de l'âme*, Rivage, « Petite bibliothèque », 1988.

Selye H., *Le Stress de la vie*, Paris, Gallimard, 1956.

Shannon C., Weaver W., *The Mathematical Theory of Communication*, University of Illinois Press, Urbana-Champaign, Illinois, 1949, traduction française, *La Théorie mathématique de la communication*, Paris, Retz, 1975.

Skinner B. F., *About Behaviorism*, London, Jonathan Cape, 1974.

Spielberger C. D., Gorsuch R. L., Lushene R. E., *Manual for the State-Trait Anxiety Inventory*, Consulting Psychologist Press Inc., Palo-Alto, 1983, traduction française par Bruchon-Schweitzer M., Paris, Éditions du Centre de psychologie appliquée, 1993.

Stora J. B., *Le Stress*, Paris, Presse universitaire de France, « Que sais-je ? », 1993.

Viala H., Rivière B., « L'affirmation de soi en dispensaire et à l'hôpital psychiatrique », *Perspectives psychiatriques*, n° 58, pp. 313-316, 1976.

Villemain F., *Stress et immunologie, Nodule*, Paris, PUF, 1989.

Watzlawick P. et coll., *Une logique de la communication*, Paris, Le Seuil, 1972.

Wolpe J., *Pratique de la thérapie comportementale*, Paris, Masson, 1975.

Zumbrunnen R., *Pas de panique au volant !*, Paris, Odile Jacob, 2002.

Index

D

E

T

U

V

Dans la collection « Savoirs pratiques »

Édition : Céline Lorcher
Préparation : Catherine Lainé
Correction : Bérengère Allaire
N° d'éditeur : 1204
Réalisation : AGD – Dreux.
N° de projet : 10107159 - Juillet 2003 - Dépôt légal : Janvier 2003
Achevé d'imprimer en France sur les presses de l'imprimerie FRANCE QUERCY à Cahors
Numéro d'impression : 31638